„Nicht nur die Gegenwart und Zukunft allein,
Auch mein vergangenes Leben sei dein.
Ich lege dir heut' meinen Jugendtraum,
Im Walde geträumt, vor den Weihnachtsbaum ..."

Peter Rosegger

Weihnachtsgeschichten

Herausgegeben
von
Ingwert Paulsen jr.

Husum

Umschlagbild: Ferdinand Georg Waldmüller, „Weihnachtsmorgen", 1844
(Abdruck mit freundlicher Erlaubnis der Österreichischen Galerie des 19. und
20. Jahrhunderts, Wien)

Die Deutsche Bibliothek – CIP-Einheitsaufnahme

Rosegger, Peter:
Weihnachtsgeschichten / Peter Rosegger. Hrsg. von Ingwert
Paulsen jr. – 5. Aufl., – Husum : Husum 1999
   (Husum-Taschenbuch)
   ISBN 3-88042-479-9
NE: Paulsen, Ingwert [Hrsg.]; Rosegger, Peter: [Sammlung]

5. Auflage 1999

© 1989 by Husum Druck- und Verlagsgesellschaft mbH u. Co. KG,
   Husum

Satz: Fotosatz Husum GmbH
Druck und Verarbeitung: Husum Druck- und Verlagsgesellschaft
Postfach 1480, D-25804 Husum – www.verlagsgruppe.de
ISBN 3-88042-479-9

Advent

Die Zeit schläft. Sie hat sich in die Federflaumen des Schnees oder in die Schlafhaube der Dezembernebel vermummt und fröstelt in Fieberträumen. Nur wenige Stunden des Tages schlägt sie die trüben Augen auf, erwartungsvoll ausblickend nach des Verheißenen Ankunft. Advent! – So kann's nicht bleiben, anders muß es werden; aber wer soll denn kommen? Der Erlöser, sagt der Prediger; der Jahrlohn, sagt der Dienstbote; die Weihnachtsgabe, sagen der Arme und das Kind; die Feiertage mit dem Christbraten, sagt die ganze Gesellschaft.

Und der Sonnenwender, sagt der Kalender. Wahrhaftig, die Sonne ist lahm und siech, die vermag gar nicht mehr hoch zu steigen; sie spaziert ihre paar Stündlein des Tages dort über die beschneiten Berghalden hin und hüllt sich dicht in Nebelmäntel, daß sie sich ja nicht erkälte. Jeder Strauch hat sich eine weiße Decke über die Ohren gezogen; jeder Baum hat sich eine weiße Pelzhaube machen lassen – weiß ist sehr in der Mode. Der Teich hat sich eine tüchtige Winterfensterscheibe überfrieren lassen, der Bach hat sich einen kristallenen Kanal gewölbt, und der Hansel hat sich ein neues Paar Handschuhe stricken lassen aus weißer Schafwolle.

Ei, wäre dem Haushahn der Schnabel verfroren! Aber kaum der Nachtwächter zur Ruhe gekommen, hebt der Hahn an zu krähen und das ist schon um drei oder vier Uhr, und der Hansel muß sein liebes Strohnest in der Stallkammer verlassen. Es ist diesmal das Dreschen noch nicht aus; dies Jahr kommt sie spät, die Krapfengarb'.

Nach dem Frühstück gehen die Knechte heute in den Wald; auch eine oder die andere Magd, die höhere Strümpfe hat, als der Schnee tief ist, muß mit. Sie sägen Bäume um, glatt am Boden natürlich, aber kommt nur erst der Sommer, so zeigen die mannshohen Strünke, wie tief im Advent der Schnee gelegen ist. Die Ammerlinge und Häher zwitschern auf den Wipfeln ihre Winternot und kratzen Schneestaub nieder auf die Holzarbeiter, oder es stürzen ganze Schollen herab, so daß sich die Leutchen lachend aus dem Schneestaube wühlen müssen. Und wenn's erst stürmt, daß die gefrorenen Stämme winseln und krachen, dort und da ein Wipfel niederfährt und der scharfe Schneestaub saust, daß der Hansel die Kathel nicht mehr sieht und nach ihr mit den Fingern muß greifen, ob sie der Wind wohl nicht schon davongetragen – so ist das ein „saggrisch verteufeltes" Brennholzschlagen.

Die daheim haben es besser. Die legen das Holz des winterstürmischen Waldes in den Ofen und spinnen Garn und singen

„Frauengesänge" und erzählen sich Märchen und plaudern und kichern.

Und wie gut sie verwahrt sind! An den Scheiben der kleinen Fenster ist der Schimmel des Eises gewachsen und von den Dachvorsprüngen weben sich die silberweißen Spangen der gefrorenen Falltropfen nieder und hinein in den Schneewall, der das Haus umgibt. Da muß denn freilich bald nachmittags der Kienspan wieder glimmen. Und am Abend knarrt die Türe, da wird draußen im Vorgelaß Schnee von klingenden Schuhen geklöpfelt – Advent! Ankunft! Der Hansel ist da; der Hansel und der Seppel und der Franzel und der Toni. Ihr jungen Weibsleute all mitsamt, jetzunder wird's noch lustiger bei euch in der Spinnstube.

Lodenwämser austun, die klingenden Schuhe gegen „Strohpatschen" versetzen, warm Süpplein und „Brennsterz" grüßen, das kommt jetzt dran; dann heißt es die Pfeifen stopfen – brennt's nur erst, hebt das Schäkern an, geht das Necken los, und – der Hausvater und die Hausmutter sind nicht gar allfort zugegen – bis es Schlafenszeit wird, ist mancher Rocken zerzaust, mancher Faden gerissen. „Sie tun's nit, und sie tun's einmal nit zusamm' die Mandeln und die Weibeln!" hat der alt' Kasmöstel gesagt.

Aber Tageslast ist schwer gewesen und im Stübel sitzt sich's so warm und die Augen sinken und sinken – Advent! Der Schlaf ist da!

Darf nicht gelten. Ankunft des Messias! sagt der Prediger, und die Kirche nimmt's ernsthaft. Alltäglich, ehe noch der Morgenstern aufgeht, zieht der Meßner ein Flämmchen von der roten Ampel des ewigen Lichts und zündet damit die Altarkerzen an. Und die Glocken läuten, bis von nah und von fernem Gebirge die Andächtigen herbeikommen durch Nacht und Nebel und auch ihre Kerzln anbrennen in der nächtlichen Kirche und ein Lied ertönen lassen, das ihnen schon der Prophet Jesaias vorgesungen hat: „Tauet, Himmel, den Gerechten!"

Eine schreiende Sehnsuchtsklage.

Als ich, ein Knabe noch, mit meinem Oheim einmal in die Rorate ging, fragte ich ihn unterwegs, was denn das eigentlich heiße: Tauet, Himmel, den Gerechten? Mein Oheim schwieg eine Weile, dann stand er plötzlich still: „Du fragst so närrisch. Viertausend Jahre haben sie gewartet; alleweil und in allen Enden und Winkeln sind Leut' geboren worden, aber ein Gerechter ist halt nit dabei gewesen. Wo hernehmen, wenn er aus dem Menschenvolk nicht aufsteht? Aus der Erden hat er ihn herausstampfen wollen, der alte Prophetenmann, dem schon angst ist worden in der Seel'; aus der Luft hat er ihn wollen herabziehen und in allen

6

Wolken hat er ihn gesucht, und so hat er einmal in einer ruhsamen Nacht, da er auf der Heid' ist gestanden, die Hände ausgestreckt gegen Himmel und hat das Wort gerufen." — Aber ganz klar gewesen ist mir das immer noch nicht, daß der Gerechte mit dem Tau verglichen wird, der im Sonnenschein gleich verdunstet. — „Jetzt, Bub, wenn du's nicht verstehst, anders kann ich dir es nicht ausdeuten. Laß ich dich da stehen im Wald und geh' dir davon und sag': wart, bald komm' ich. Und ich komm' aber nicht, und du stehst eine Stund' um die andere und frierst und hörst die wilden Tiere heulen — und kennst keinen Weg und ich komm' noch immer nicht — nachher, Bub, wirst es wohl verstehen, wie dem Prophetenmann ums Herz ist gewesen."

Wir sind weiter gegangen und nie habe ich kindlicher die Erwartung des Erlösers empfunden, als bei derselbigen Rorate.

Der Niklo

Sankt Nikolaus war ein Bischof, wie es deren wenige gibt.

Da ist er in den Winterabenden durch die finsteren Gassen gegangen und hat den Leuten zu den Fenstern hineingeguckt, was sie machen und was sie haben.

Und wo die Armut und die Tugend daheim, da warf er ein Goldstück durch das Fenster.

Sankt Nikolaus wandelt noch heute durch die Welt, er wirft manches Goldstück in die Wohnungen der Armen; und wer noch klein ist und im Berglande der Steiermark wohnt, der kann ihn wohl auch einmal *sehen*, den heiligen Mann im Ornat, mit Stab und Bischofsmütze, denn der „Niklo", wie ihn die Städter aus Gebäck und Tannenzapfen haben, zieht draußen auf dem Lande wahrhaftig herum in Fleisch und Blut! Mit den Großen macht er sich nicht viel zu schaffen, er ist ganz Kinderfreund. Gleichwohl ist aus der schönen Sitte ein Zerrbild geworden.

Am Nikolausabend (5. Dezember), da wird der Niklo sichtbar und geht in die Häuser und frägt nach den Kindern, ob sie brav sind, fleißig beten und etwas lernen. Diese haben den Besuch wohl erwartet und sind schon seit einigen Tagen her bestrebt gewesen, ihre Tugenden in das günstigste Licht zu stellen; besonders kommen in der Nikolauswoche unter den Kleinen auffällig wenig Händel vor und Kleider und Bücher oder Geräte werden verhältnismäßig sehr geschont. Es geschieht das aus wichtigen Gründen, denn der Niklo, wenn er kommt, hat nicht bloß rote Äpfel, goldene Nüsse, verzuckerte Zwetschken usw. bei sich, sondern auch einen schwarzen, sehr verdächtigen Begleiter: den „Bartl", der wie der Teufel aussieht und von dem man nicht weiß, wie der heilige Bischof mit ihm so freundschaftlich sein mag.

So kommen sie beide am Abende, wenn der Span schon angezündet ist. Der Niklo, der ein ehrwürdiger Mann mit schneeweißen Haaren und Bart ist, geht voran und sagt:

„Da Niklo, da Niklo und da Bartl is do.
Und mir schaun, wo die Kina recht brav sein und wos kinna
(etwas können);
Die Bravn, die kriagn roti Äpfelein,
Die Schlimmen, de foßn mar in die Butten ein!

Und siehe, da tritt auch schon der Bartl hervor, der hat einen Pelz an und ist kohlschwarz im Gesicht, bis auf die rote Zunge, die heraushängt. Hörner trägt er auch und auf dem Rücken hat er die Butte und eine klirrende Kette!

Da müssen nun die Kinder laut beten oder etwas Gelerntes aufsagen. Der Bartl muß gewöhnlich unverrichteter Dinge abziehen, denn fängt die Sache auch wirklich an, bedenklich zu werden, so führt stets die Mutter ausgleichende Einsprache und die Sache ist geschlichtet. Aber des Bachbauers Hanserl hatte keine Mutter gehabt, die für ihn ein gutes Wort eingelegt hätte, er war ein Waisenknabe, und als der Bartl an dem Knaben seinen Mutwillen ausübte, entsetzte sich dieser so sehr, daß er die Fraisen bekam, und noch heute, nachdem er alt geworden, trägt er die Frucht des Nikolausabends mit sich herum – die fallende Sucht!

Da ist's dem Lechnerbuben glücklicher geraten, der hat den unheimlichen Gesellen, welcher mit dem Niklo gekommen, bei den Hörnern gepackt und ihm dieselben mitsamt der Maske herabgerissen, daß nichts übriggeblieben, als das gutmütige Antlitz des alten Einlegers.

Wenn nun der Niklo und der Bartl wieder fort sind, ist den Kleinen ein Stein vom Herzen und sie wagen wohl gar im geheimen die Bemerkung zu machen, daß der Niklo geradeso eine Warze auf der Nase gehabt, wie der Ochsenknecht. Doch gibt dies keinen Anlaß zu irgendeinem Zweifel an der Heiligkeit des Niklo und es wird im Laufe des ganzen übrigen Abends noch die strengste Sittsamkeit beobachtet.

Just vor dem Schlafengehen werden von jedem die kleinen Schuhe oder eine Kopfbedeckung an das Fenster gestellt, denn der Niklo geht nun in der Nacht zu allen Häusern, und weil er es den Schuhen oder Hüten ansieht, ob deren Eigentümer brav oder schlimm sind – füllt er dieselben je im Verhältnisse mit Obst, Lebzelten oder wohl auch mit Steinen und Tannenzapfen und legt obendrein noch eine zierlich geflochtene Birkenrute bei.

Das geht nun für die Kleinen, solange sie daran glauben, was nicht selten über das Kindesalter hinaus geschieht. Ich habe in meinem zehnten Jahre noch die Schuhe an das Fenster gestellt und war stets voll des frommen Preises für den heiligen Bischof Nikolaus, wenn ich meine Schuhe vollgepfropft fand mit Süßigkeiten.

Ich hätte wahrscheinlich noch länger an den Niklo geglaubt, wenn sie mir geglaubt hätten, daß ich noch an ihn glaubte. – Die Schuhe sind aber endlich leer geblieben.

I. N. R. I.

Wenn's dunkel ist in der Welt, da schaut der Mensch gern immer einmal gegen Morgen hin. Dort geht das Licht auf. Alle Lichter gehen dort aus dem Osten herauf. Auch die Menschengeschlechter sollen gekommen sein von jener Seite her. Da ist ein uraltes Buch und ist der Anfang darin beschrieben und die erste Menschheit. Aus dem Volk der Juden ist dieses Buch gekommen und die alten Juden sind das Volk Gottes genannt worden. Denn sie haben über sich gesehen einen einzigen, ewigen Gott. Und große Männer sind in diesem Volk aufgestanden, mit heiligen Lehren. Der größte hat Moses geheißen und es steht geschrieben, daß er die zehn Gebote herabgebracht hätte zu den Menschen. Aber die Juden sind gesunken und immer tiefer gefallen und dann schwer geknechtet worden von fremden Reichen. Im Elend wie wir, in Fluch und Verzweiflung sind sie gewesen, und das hat gedauert tausend Jahre und länger. Von Zeit zu Zeit sind Propheten erschienen und mit einer lichten Gnade haben sie kundgetan, daß ein Heiland würde kommen, der die Juden in das Reich der Herrlichkeit führt. Auf diesen Heiland haben sie gewartet hundert Jahre und viele hundert Jahre. Oft ist einer gewesen, den sie dafür gehalten haben, und waren doch betrogen. Und als endlich der rechte erscheint, der rechte große Heiland — den haben sie nicht erkannt. Denn er ist anders gewesen, als sie ihn gedacht haben.

Soll ich anfangen zu sagen, wie in Winterabenden meine Mutter mir, dem Knaben, erzählt hat, daß es gewesen sei? Soll ich mir es vorsagen wie einer, der sich selbst wecken will um Mitternacht, ehe der Herr kommt? Soll ich ohne Schrift und Lehr' aus meinem armen wirren Haupte hervorsuchen, was an Bruchstücken etwa noch darin erhalten geblieben, was verschüttet ist worden in der Welt Irr und Wirr, und was jetzt, dieweilen es so dunkel ist worden, wieder aufblitzt und hoch zu leuchten anhebt wie in der Nacht die Sternenkrone! Soll ich die heiligen Gestalten rufen, daß sie mir beistehen in meiner letzten Tage Angst, daß sie mich umkreisen mit ihrem ewigen Rosenlicht — und kein Geist des Verzagens zu mir mag kommen? —

Wie Gott will. Dankbar zufrieden will ich sein mit dem blassen Abglanz des Himmels, der zu mir kommt vom heiligen Osten her. — O Gott, mein Vater! Laß aus fernen Ländern und aus vergangenen Zeiten die Botschaft zu mir kommen, so wie sie mein einfältig Herz kann fassen und verstehen. Nach Gottes Wahrheit dürste ich, und was mich stärkt, tröstet und erlöst, das wird für mich ja Gottes Wahrheit sein. O meine Mutter! Sprich herüber

„aus der Ewigkeit zu deinem unglücklichen Jungen – sprich herüber!

Habe ich doch immer dich gesehen in dem Weibe, das zur harten Winterszeit übers Gebirge hat müssen, weit weg von heim. Und so will ich anfangen.

Das Judenland ist zur Zeit unter der Herrschaft der starken Römer gewesen. Da hat der römische Kaiser wissen wollen, wie viele ihrer wären, und hat im Judenland eine Volksaufschreibung angeordnet. Alle Juden sollten in ihren Geburtsort kommen und sich dort angeben beim Amtmann. Da hat in dem Städtlein Nazareth in Galiläa – das ein gebirgiges Gebiet des Judenlandes ist – ein Zimmermann gewohnt. Schon ein älterer Mann, der ein junges Weib gehabt hat, von dem noch heute ein Volkslied singt: „Schön weiß als wie Kreiden, Schön mild als wie Seiden; Ein wunderschön Weib, Voll Demut dabei." Arme Leute, aber fromm und fleißig und gehorsam. Kein Mensch hätte nach ihnen gefragt in der weiten Welt und das römische Reich wäre ohne diesen Zimmermann nicht zugrunde gegangen. Ob man nicht vielmehr sagen könnte: *Wegen* des Zimmermanns ist es später zugrunde gegangen! Im Lande Galiläa haben Leute aus aller Welt gewohnt, auch eingewanderte Barbaren aus dem Westen und aus dem Norden. – Unser Zimmermann ist gebürtig aus dem südlichen Judenlande, der Stadt Bethlehem, die in noch älteren Zeiten auch die Heimat des Königs David gewesen war. Joseph, der Zimmermann, soll nicht ungern davon gesprochen haben und auch durchblicken lassen, daß er von David abstamme, dem großen Könige. Schöner – mag er wohl gedacht haben – ist's freilich, wenn man von unten hinaufkommt, als von oben herab. Oder ist es doch anders? Kommt nit der Mensch von unten hinauf und Gott von oben herab? David war in seiner Jugend Hirte gewesen; man sagt, er habe als solcher mit einem Steinwurf einen feindlichen Führer getötet, weshalb er dann so hoch hinaufgekommen ist. Nun ja, und weil der Zimmermann Joseph gerne wieder einmal sein Heimatsstädtl gesehen hat, und weil er gerne auch sein liebes Weib einmal hat hinführen wollen, um ihr seiner Jugend Land zu zeigen, so ist ihm die Volksaufschreibung ganz recht gewesen. So haben sich die zwei Leutlein zusammengetan und sind nach Bethlehem gereist. Drei Tagereisen oder länger, und wird's wohl geplagt haben. Ein Bündel Nahrung mögen sie von heim mitgetragen haben und die Ehegesponsin wird oft haben rasten müssen unterwegs. Der Weg ist unsicher in dem Steingebirge und haben sie durch das verdächtige Land der Samariter reisen müssen. Aber Joseph denkt nicht daran. Und kommen endlich nach

11

Judäa. Wo sie auf alte Denkmäler stoßen, da bleibt er gerne stehen, erstens um zu schauen, wie sie gebaut sind, und zweitens, um der großen Männer und Taten der Vorzeit zu gedenken. An einer Statt namens Bethel haben sie eine Nacht zugebracht, und in derselben Nacht hat Joseph von einer Leiter geträumt, die er vor sich stehen sieht und die von der Erde bis zum Himmel reicht. Joseph denkt noch, wenn's die Sprossen halten, so könnte man da hinaufsteigen; dieweilen sieht er schon, wie von oben ein weißer Engel herabsteigt, ganz langsam immer tiefer herab bis zu Joseph; und wie dieser die Hand nach ihm ausstreckt, ist er nicht zu sehen. Er wacht auf, der Traum steht ihm groß und süß vor der Seele, und ist es der Platz gewesen, wo einst der Patriarch Jakob die Himmelsleiter geschaut hat, und daß die Leiter gleichsam stehengeblieben ist, damit zu allen Zeiten zwischen Himmel und Erde Engel auf und nieder steigen können. Sind dann wohlgemut fürbaß gezogen. Aber wenn Joseph auf der Steppe die Schakale schreien hört und im Sande die Beduinentapfen sieht, so wird ihm bange. Doch denkt er, der Engel, der herabgestiegen ist, wird wohl neben mir schweben, denn das Fächeln der Fittiche glaubt er manchmal an seiner Wange wahrzunehmen.

Der Boden, auf dem sie wandern, ist starr; die Kräuter, vom Froste versengt, liegen welk dahin. Auf dem Libanongebirge, das den Reisenden aus der Heimatsgegend ferne noch nachschaut, liegt Schnee, und auf den Niederungen des Landes Juda sinken aus trüber Luft weiße Flimmerchen nieder, so daß die Steine und die Rasen weiß werden. Als sie an einem Brunnen rasten, blickt das Weib nachdenklich in den Tümpel und sagt: „Siehe, Joseph, was sind das auf der Wasserfläche für wunderbare Kräuter und Blumen?"

Und sagt Joseph: „Du hast das wohl noch nie gesehen, Maria? Du bist jung und hast der kalten Winter noch wenige erlebt. So weißt du auch nicht, was diese Blumen bedeuten. Höre mir zu! In der Morgenröte steht eine Jungfrau. Mit ihrem Fuße steht sie auf dem Mond und um ihr Haupt kreisen die Sterne. Und der Schlange, die unsere ersten Eltern hat verführt im Paradiese, zertritt sie den Kopf. Siehe, und um diese Jungfrau wirbt der Frühling und bringt ihr seine Rosen. Um um diese Jungfrau wirbt auch der Winter, und weil er keine anderen Blumen hat, so läßt er ihrer auf der Wasserfläche und auf den Fenstertafeln wachsen. Aber sie sind starr und kalt, und die Jungfrau, die geheimnisvolle Rose, von der ein Prophet gesungen: Selig werden dich preisen alle Geschlechter! — sie hat den Frühling gewählt ..."

So erzählt Joseph, dessen Bart so grau ist wie die Blumen auf dem Eise. Maria hat die Mär gehört und geschwiegen.

Am dritten Tage liegt vor unseren Wanderern die Königsstadt. Herrlich auf dem Berge prangt sie mit ihren Kuppeln und Tempelzinnen. Zurzeit sitzt der Judenkönig Herodes dort auf dem Thron und glaubt zu herrschen. Aber er herrscht nur, soweit ihn die Fremden herrschen lassen. Diese Stadt, die sonst der Stolz des auserwählten Volkes gewesen, jetzt wimmelt sie von römischen Kriegern, die alle Straßen mit Lärm und Roheit erfüllen. Joseph führt sein junges Weib wegsab gegen Felshänge hin, wo die Gräber der Propheten sind. Dort überkommt es ihn so, daß er plötzlich die Hände gegen Himmel streckt: „Allmächtiger Jehova, wann kommt der Messias?" Sein Schrei widerhallt in den Höhlen, so daß Maria sagt: „Du sollst nicht so stürmisch rufen, Joseph. Die Toten wachen doch nicht auf, und Jehova hört auch ein demütiges Beten."

Maria hat bei sich erwartet, daß sie in Jerusalem einkehren und übernachten würden. Joseph meint, er möge das nicht, in dieser Stadt habe er keine Verwandten, bei denen er Herberge nehmen könnte, und für Fremdherbergen habe er zu wenig Mittel. Auch gefalle ihm hier das fremde Wesen nicht, es plange ihn schon nach dem lieben Bethlehem. Das sei nur etliche Wegstunden noch fern, ob sie es ermachen könne?

Maria neigt mit dem Haupte Ja und strengt ihre Kräfte an, weiterzukommen. Aber als sie unter der Stadtmauer erschöpft zusammensinkt, sagt er: „Wir wollen vielleicht doch bleiben, daß du dich ausruhest, und ich dir morgen den Tempel zeigen kann."

Am Steinbühel ist ein Mann, der nagelt zwei Holzbalken zusammen. Joseph versteht was von solcher Arbeit, aber dieses Ding leuchtet ihm nicht ein. Er frägt also, was das werden soll?

„Wer's braucht, der will's nicht", antwortet der Arbeiter. Da erschrickt Joseph. Sie sind auf der Schädelstätte.

Maria faßt ihn am Arm: „Gehen wir, Joseph, gehen wir nach Bethlehem." Denn ihr ist bange geworden.

Sie wanken die Straße hinab. Nach einem Trunk an der Quelle des Josaphattales sind sie erfrischt. Weiterhin in den grünen Auen von Juda weiden Lämmer und Ziegen, und Joseph hebt an, von seiner Kindeszeit zu reden. Sein ganzes Wesen ist frisch und freudig. Die Heimat! — Um die Abendstunde liegt vor ihnen auf der Anhöhe das leuchtende Bethlehem.

Eine Weile stehen sie da und betrachten es. Hernach geht Joseph in die Stadt, um das Amt und die Zeit der Aufschreibungen zu erfragen und um eine Nachtherberge zu suchen. Vor dem Tor, unter den zackigen Fächern einer Palme sitzt das junge Weib und schaut hinaus. Die abendliche Gegend – alles fremd – und doch trautsam – das Kindeseden ihres Joseph. – Wie lärmend war es in Jerusalem gewesen und wie friedsam ist es hier. Fast so still und gottesfeierlich wie ein Sabbatabend in Nazareth! Das liebe Nazareth! Wie weit, wie weit! – Manchmal eine Schalmei der Hirten klingt herüber von den grünen Hügeln. Dort an dem Ölbaum lehnt ein Jüngling, der windet aus Zweigen einen Kranz und singt: „Meine Freundin! Sie, wie schön du bist! Deine Augen sind Turteltauben in lockigem Haar, deine Lippen sind purpurne Rosenknospen, und deiner Brüste zwei atmen wie junge Gazellen, die unter Lilien weiden ... Getroffen hast du mein Herz, wie süß, o bräutliche Schwester, ist deine Liebe!" – Dann schweigt er und leise rieseln die Blätter im Abendhauch.

Maria schaut nach Joseph aus. Er will nicht kommen. Und der Sänger singt wieder: „Wer bist du, leuchtend wie Morgenröt', schön wie der Mond und rein wie die Sonne! Evas göttliche Tochter ..." Und immer wartet Maria unter dem Palmbaum und horcht – und hebt es an, ihr leise weh zu werden. Enger zieht sie den Mantel um sich und sieht, am Himmel stehen schon die Sternlein. Joseph will nicht kommen. Und am Hügel der Sänger: „Aus Isaias Stamme wird ein Reis entsprossen ..." Und eine zweite Stimme: „Selig, selig werden sie preisen alle Geschlechter!" – So haben Hirten die Lieder ihrer alten Könige und Propheten gesungen zur Andacht am Feierabend.

Endlich kommt Joseph langsam geschritten aus der Stadt. Die Beschreibung sei morgen von der neuen Stunde an, das füge sich recht wohl. Aber Nachtherberge? Bei reichen Verwandten habe er vorgesprochen; hätten sich recht gefreut, hätten aber leider ein Hochzeitsfest im Hause, und da möchte müden Wandersleuten im schlichten Gewand leicht unbehaglich sein. Das habe er wohl verstanden. Dann sei er zu ärmeren Verwandten gegangen, die hätten sich noch mehr gefreut, aber ein Jammer wäre es, daß ihr Dach so klein sei und ihr Herd so schmal. Die öffentlichen Herbergen seien schon alle überfüllt mit Fremden. Leute aus Galiläa scheine man hier überhaupt nicht sehr hoch zu halten. Und nun wisse er nicht, was werden solle.

Maria stützt das Haupt auf ihre Hand und schweigt.

„Dir zittern die Hände und Füße, Maria!"

Sie schüttelt das Haupt, es wäre nichts.

„Komm, Weib, wir wollen zusammen hineingehen. Strolche sind wir doch nicht, daß sie uns den Unterstand verwehren könnten."

Also sind sie zu zweien in die Stadt gegangen. Da wird der Herbergvater grimmig. „Ich habe es Euch schon gesagt, Alter, für solches Volk gibt's in meinem Hause keinen Platz. Bietet Euer feines Töchterlein anderswo aus."

„Das ist nicht meine Tochter, Herr, die ich ausbiete, es ist mein Eheweib, mir von Gott anvertraut, das ich beschützen werde!" Dabei zeigt er seine Zimmermannshand auf. Das Tor wird zugeschlagen vor ihrem Angesichte. Ein Obstverkäufer hat das mit angesehen, der dehnt seinen braunen Hals und frägt nach ihrem Paß. „Wenn ihr mir den Passierschein weiset und drei Silberlinge, so nehme ich euch auf um Gottes willen. Denn wir alle sind Fremdlinge auf Erden."

„Wir haben nichts Geschriebenes, sind aus Nazareth in Galiläa zur Aufschreibung gekommen, weil ich vom Stamme Davids bin."

„Vom Stamme Davids! Ei, ei, da seid Ihr arg gepurzelt!" Lachend geht der Obsthändler seines Weges. Es ist wahr, denkt Joseph, ein kleiner Mann empfiehlt sich nicht mit dem Hinweis auf große Vorfahren. Er will in Zukunft den David sein lassen.

Maria rät nun, doch wieder hinaus vor die Stadt zu gehen. Vielleicht wäre bei den Armen und Ganzfremden Barmherzigkeit zu finden. Und als sie — Arm in Arm — hinabwanken auf steiniger Straße gegen das Tal, läßt das Weib sich nieder auf den feuchten Rasen.

Joseph blickt sie forschend an. — „Maria! — Was ist das?"

Ein Hirte kommt gegangen, der sieht die Leute, und hört die Bitte um ein Obdach:

„Mein Weib ist krank. Die Leute wollen uns nicht haben."

„Dann müsset ihr eben zu den Tieren gehen", sagt der Hirte froh. „Kommt mit. Gerne teile ich mit euch mein Haus. Die Erde ist mein Bett, der Himmel ist mein Dach. Und die Felskluft ist mein Schlafgemach."

Und hat er sie hingeführt zu einer Höhlung, die zwischen bemoosten Felsen in den Berg hinein ist, und vornüber hat sie ein Dach aus Binsengeflecht. Da drinnen ist ein Rind, Heu wiederkäuend, das es aus der Krippe gefressen hat. Daneben steht ein brauner Esel und beleckt das Rind an seinem großen Kopfe. In der Krippe liegt noch trockenes Gras und im Winkel ist eine Schicht von dürren Blättern.

„Weil ihr nichts Besseres habt, so lasset euch hier nieder und ruhet wie ihr könnt. Ich will zu meinem Nachbar schlafen gehen." So sagte der Hirte und geht hin. Es ist schon dunkel geworden.

Das junge Weib hat sich niedergelassen auf das Laub und hat einen Seufzer getan aus banger Brust. – Joseph schaut sie an – und schaut sie an. Da schlägt an seine Wange leicht der Fittich des Engels. – „Joseph! Gräme dich nicht. Erhebe dein Herz und bete. Es ist das Geheimnis aller Ewigkeiten, und du bist auserwählt, der Nährvater dessen zu sein, der vom Himmel kommt – "

Er blickt um sich, weiß nicht, woher diese Gedanken kommen, diese Stimmen, dieser wundersame Gesang.

„Du bist müde, Joseph, du solltest schlafen", so spricht Maria. Und wie er friedsam schlummert, betet sie in ihrem Herzen, wie sie einst gebetet hat: „Ich bin eine geringe Magd des Herrn. Es geschehe nach seinem Willen!"

✻

Um Mitternacht ist es, da sehen die wachenden Schäfer einen hellen Stern. Ein seltsamer Stern, haben um diese Zeit noch keinen solchen gesehen. Er funkelt so stark, daß die Hirten lange Schatten machen auf der Au. Und etliche wollen gesehen haben, daß andere Sterne des Himmels anfangen zu wandern gegen den einen hin, daß sie ihn umkreisen. Und da hebt es an, daß aus dem neuen Sterne weiße Fünklein sprühen und erdwärts fliegen, erdwärts herab, und bleiben stehen in den Lüften, und sind es Kinder mit weißen Flüglein und güldenem Haar. Und singen liebliche Weisen, dem hohen Gott zur Ehr' und den Menschen zum Frieden.

Zur selben Stunde bringt ein Knabe die Nachricht, vor der Felsenhöhle des Hirten Ismael stehe ein großer, weißer Jüngling und drinnen auf dem Laubwerk ruhe ein junges Weib und habe an der Brust ein Kindlein. Und hoch in den Lüften höre man singen.

Die Mär verbreitet sich rasch in den Bergen um Bethlehem. Hirten, die aufrechtstehen, wecken die Schlafenden. Überall ist ein süßes Schauern und ein großes Verwundern. – Ein fremdes, armes Weib und ein nacktes Kind! Was nützt da Singen! Da gehören Windeln und Decken und Milch. Der eine sucht den Pelz eines geschlachteten Schafes hervor; der andere hat getrocknete Feigen und Trauben und in einem Schlauch roten Wein. Noch andere Hirten bringen Milch herbei und Brot und ein feistes Zicklein, jeder etwas, als gingen sie mit dem Zehent zum Amtmann. Ein alter Schäfer kommt mit einem geflickten Dudelsack daher, und als etliche darüber lachen, sagt Ismael: „Soll der gute arme Isaak etwa Davids güldene Harfe bringen? Er gibt, was er hat, und das ist mehr als güldene Harfen."

Als sie hinabkommen, sehen sie nicht mehr den Stern und nicht die Engel, aber sie finden die Höhle, den Vater und die Mutter und das Kind. Es liegt in der Krippe auf dem Heu, und davor stehen die Tiere und glotzen es an mit ihren großen, pechschwarzen Augen. Der Hirten Mitleid mit diesen armen Leuten ist so groß, daß keiner denkt, ein gutes Werk wolle er verrichten, etwa daß ihn die Leute loben und Gott dafür segne; keiner blickt scheelsüchtig auf den Nachbar, ob dieser mehr gibt oder weniger − ihr einziges Empfinden ist Erbarmen.

Auch aus der Stadt sind Leute herbeigekommen, denen stellt sich am Eingang der Grotte ein eckiger Hirte entgegen, stemmt seinen Stab wie einen Speer und sagt: „Bethlehemiten, euch lasse ich nicht vor, er schläft."

Abseits steht ein Greis, der spricht traumhaft also: „Die Stadt hat ihn verstoßen. Ich habe immer gesagt, dort ist kein Heil. Es ist bei den Armen unter freiem Himmel. Hier geschehen Wunder − die Menschen werden barmherzig."

Weiter unten in der Felskluft kauert ein armer Sünder und wühlt mit den dürren Fingern, als wollte er sich hervorgraben aus der Tiefe. Mit glasigen, glosenden Augen schaut er gegen die Höhle hinauf, wo das Kind ist. Aus seiner Brust quillt wie ein blutiger Brunnen ein Gebet um Gnade. − Die ihn sehen, sie wenden sich schaudernd von ihm. Für den Brudermörder Kain haben sie ihn gehalten. −

*

Durch die Wüsteneinsamkeit Arabiens reitet auf trägem Kamel ein Fremder. Im Dunkeln sind alle Menschen Mohren, dieser bleibt es auch im Scheine des Sternes. Ein unerhörter Stern hat den Mann hervorgelockt von den Ufern des Indus. Alle Kalender des Morgenlandes hat er befragt, keiner hat den Stern ihm deuten können. Balthasar aber ist ein Mann, der fremde, paßlose Sterne nicht schlechthin laufen läßt. In den Schoß Gottes versteckt sich keiner vor einem irdischen Gelehrten, nicht einmal Gott selber hat einen Paß für die Lande der Weltweisen. Vielen von denen ist die Welt durch und für sich allein, der Mensch muß, wie aus dem Schlamm die Lotosblume, aus sich selber emporwachsen zum Licht. So meint auch Balthasar und fühlt sich als ein mißratenes Leben. In solche Weisheit webt sich morgenländischer Glaube. Wenn der Mißratene redlich trachtet und sein Fleisch züchtigt, so kann's in einem nächsten Leben schon besser gehen. Denn er muß so oftmals geboren werden und den Körper züchtigen, bis dieser zusammenschrumpft, sündenrein und willenlos wird. Dann löst die Seele sich auf und wird nicht wieder geboren, denn das letzte Ziel ist — Nichtsein. Nur das Schlechte lebt, und es lebt, solange es schlecht ist. — Seit Jahrhunderten verkommen Indiens Völker an dieser Lehre. Dem Weisen aber liegt sie nicht. Balthasar denkt: Wenn man sich durch ein paar Dutzend Leben hinangelitten hat, dann müßte auch einmal etwas Ordentliches werden. Wie, oder ist das Böse gut genug, um zu bestehen, und das Gute schlecht genug, um aufzuhören? — Balthasar sucht nach besserem Rat. Er sucht im Weltall einen Haken, um eine neue, gedeihlichere Lebensweisheit daran zu hängen. Als er dann am Himmel den neuen Stern gesehen, läßt er ihn nicht mehr aus den Augen. Zwar — auch der wandert den Weg von Ost nach West, den alles geht. Was nur sein muß in Sonnenuntergang, daß alles dahin wandert, auf Erden wie am Himmel? Müßte ein besonderer Stern nicht gegen den Strom schwimmen? Wahrlich, dieser neue Himmelspilger nimmt einen ungewöhnlichen Weg, er lenkt mehr gegen den Norden der Barbaren hin. — So hat der Weise des Ostens die duftenden Gärten Indiens verlassen und folgt dem Sterne. Auf der Wanderung schließen sich ihm unter reichem Gefolge noch zwei Fürsten des Ostens an, die auch suchen, ohne zu wissen was.

Da ist es in einer Nacht, daß sie am Himmel noch ein seltsames Sternbild sehen. Eine Gruppe, die allen drei Weisen bisher unbekannt gewesen.

Lange betrachten sie dieses Sternbild und Balthasar meint, es sehe aus wie ein Schriftzeichen. All ihre Weisheit setzen sie daran und können es nicht deuten, so hell es auch leuchtet. Schreiben die Götter hier eine Botschaft? — Wer kann sie verstehen? Grauenhafte Erscheinung, von keinem Wissen und keinem Glauben heimlich gemacht! In der nächsten Nacht haben sie das Bild nicht mehr gesehen, ihr Leitstern aber geht vor ihnen her und weicht keiner Sonne.

Eines Morgens, als es anhebt zu tagen, reiten sie auf der Straße von Jericho, im Judenlande. An der Straße liegt ein Mann auf dem Angesicht, den frägt der Mohr, warum er so tief im Staube sei.

„Ich bin im Staub", antwortet der Mann von Juda, „weil ich mich in Demut üben muß, um nicht in den Hochmut zu geraten.

Wir sind über alle Maßen groß geworden in diesen Tagen. Der Judenkönig ist uns geboren, der gottverheißene Messias."

Da erinnert sich der Weise aus Indien, daß die Juden seit alten Zeiten ihren Messias erwarten, den königlichen Befreier aus der Knechtschaft.

„Dächte ich doch", sagt er, „ihr hättet den König Herodes."

„Das ist der rechte nicht", antwortet der Mann im Staube, „Herodes ist ein Heide und kriecht vor den Römern."

Jetzt ziehen aber vom Libanon her Wolken, die verdecken den Stern, und die Reisenden wissen nicht wohin. In dieser Ratlosigkeit wendet Balthasar sich gegen die nahe Königsstadt Jerusalem, dort würde wohl Näheres zu erfahren sein. Im Königspalast fragt er nach dem neugeborenen König. Eine solche Frage ist dem Könige Herodes etwas Neues. Er will den Fremden sehen, der solches frägt.

„Herr!" sagt zu ihm der Mohr. „Es liegt in der Luft. Dein Volk spricht vom erschienenen Messias."

„Köpfen lasse ich es!" braust Herodes auf, doch sänftiglich setzt er bei: „Köpfen lasse ich es, wenn es nicht auf den Knien liegt vor dem Messias. Ich selber will mich vor ihm beugen. Wüßte ich nur erst, wo man ihn findet."

„Ich werde noch ein weniges herumsuchen", sagt der bereitwillige Balthasar, „und wenn ich ihn finde, es dir mitteilen."

„Tue es, tue es ja gewiß, edler Fremdling. Dann sollst du Rast halten in meinem Palast, solange es dir genehm ist."

Balthasar ist mit den Reisegenossen hierauf weitergeritten, und als er die Stadt hinter sich hat, leuchtet vor ihm wieder der Stern. Er schwebt dahin in den Höhen, und nach Stunden, da sie ihm folgen, neigt er sich sachte erdwärts und steht still über einer Felsengrotte. Und hier finden die Fremden aus dem Morgenlande, die ausgeritten waren, um die Wahrheit zu suchen, hier finden sie – ein Kind. Ein Kind, so zart und schön, wie eine Rosenknospe im Mondenschein. Ein kleines Kind armer Leute, und ringsum stehen andere arme Leute und geben das letzte her, was sie haben, und sind voller Freuden.

Der schwarze Balthasar schaut jetzt einmal so drein. Hat er je Augen so leuchten sehen, als in dieser Hirtengrotte? Ihm ist, als sei ein neues Licht und ein neues Leben da – aber er kann es nicht verstehen. Und in den Lüften ist ein Gesang – mehr Ahnung als Wort: „Selig werdet ihr sein! Ewig werdet ihr sein!"

Die Fremdlinge horchen auf. Was ist denn das? Selig werdet ihr sein! Und *ewig* werdet ihr sein!? – Wir wissen doch nur von der

Seligkeit im Nichtsein. – Bei diesem neugeborenen Kind das erstemal kommt ihnen der Gedanke von ewiger Wiedergeburt.

Goldenes Geschmeide legen sie der armen Mutter hin. Und ist ihnen auf einmal so wohl und frei ums Herz, und so wundersam. Sonst haben diese Fürsten und Weisen nur im Nehmen Freude gehabt, heute ist sie im Geben. Sonst hat Balthasar sein Ziel nur in sich selbst gesehen, hat sich eingesponnen in eitel Einsamkeit, hat alle Welt verachtet und nur sich selbst geliebt. Und urplötzlich jetzt diese Freude an der Freude armer Menschen. Und dieses wehe Leid über ihre Leiden! Es fröstelt ihn unter seinem seidenen Mantel, und als er ihn auszieht, um das Kind damit einzuhüllen, wird ihm warm.

Sie alle legen Gaben hin, edles Gold, kostbares Räucherwerk und heilsamen Balsam. Aber sie schämen sich der Gaben vor den königlichen Geschenken der Hirten, die zwar nur Geringes, doch alles, was sie besessen, dargebracht haben.

In seinem Freudgefühl will Balthasar nach Jerusalem eilen, um dem Herodes zu sagen: Mehr als eines Königs Sohn! Ein kleines Kind habe ich gefunden, und wer es ansieht, der ist selig, er weiß nicht wie. Das Volk kniet vor ihm und betet und opfert. Da vernimmt Balthasar eine Stimme: „Kennst du den, zu dem du jetzt gehen willst? Den Kaiser Tiberius, wenn er könnte, würde er erwürgen, geschweige ein hilfloses Kind, das vom Volke geliebt ist, wie eines Königs Sohn."

„O Kind!" sagt Balthasar, „du hast das Unglück, der Liebling des Volkes zu sein. Darum hassen dich die Großen."

„Fremdling, gehe nicht nach Jerusalem. Sage nichts von diesem Kinde."

Die Fremdlinge, denen es nicht mehr geheuer vorkommt in dem Lande, das einen Kaiser und einen König hat – und soll doch keiner der rechte sein! – besteigen ihre Kamele. Noch einen Blick auf das Kind in der Krippe, dann reiten sie fürbaß auf den Steinen der Wüste. Allem Gestirne entgegen, dem Osten zu geht ihr Lauf, sie träumen von einer neuen Offenbarung, nach der sie fürder liebreich und ewigkeitsfroh leben möchten.

Zum Weihnachtsbaum

Ein Herzenswunsch allen kindlichen Gemütern

Friede war im Wald und jeder Baum beglückt
Durch schöne, reife Frucht, womit der Herbst geschmückt
Die Äste all, daß jeder Zweig sich bieget,
Bis hoch hinauf, wo leis' die Krone wieget.
Doch höret: wo's zum Segen will gedeihn,
Da findet sich auch gern der Hochmut ein
Und selbst der Neid. Und jeder wollt' sich prahlen,
Daß *seine* Frucht die schönste sei von allen;
Und jeder hing an seine längsten Äste
Als stolzes Aushängschild der Früchte beste.
Es war ein köstlich Wogen bis zur Spitze,
Ein Wetten, wer das Feinste wohl besitze. –
Nur eines litt im Wald viel Weh und Gram
Und barg sich ins Gesträuch voll tiefer Scham.
Ein Tannenbäumchen war's, gar schmächtig, schlank,
Wohl aller Früchte, auch der ärmsten, blank;
Und während andere stolz im vollen Prangen,
Hatt' es an seinem Stamm nur Nadeln hangen,
Nur dunkelgrüne Nadeln, zart und spitz;
Sie stachen leicht, doch schärfer stach der Witz
Der andern, und ihr Höhnen, schal und widrig,
Dieweil das Bäumchen, ach, so arm und niedrig.
Es flüstert der Wald sich in die Ohren
Vom Taugenichts, der da umsonst geboren,
Und warf ihm boshaft gar zu Spott und Schmach
Die ersten gelben, dürren Blätter nach.
Das schnitt dem Bäumchen tief ins junge Herz,
Es wollte schier vergehn in Leid und Schmerz
Und weinte, tiefbedrängt vom Weh, dem schweren,
Das Harz heraus, die bittersten der Zähren. –
So duldete das Bäumchen still und fromm;
Da zog hernieder durch den nächtigen Dom
Ein Engel aus des Himmels heiligen Hainen,
Der sah den armen Dulder schmerzlich weinen.
Er ließ sich erdenwärts vom weiten Raum
Zur armen Tanne, sprechend: „Liebster Baum!
Du warst bisher verachtet und verflucht,
Doch tragen wirst du noch die schönste Frucht,
Die je ein Baum getragen hier auf Erden,

Du sollst der Baum der höchsten Freude werden!" —
Wie wurde jetzt der Himmel trüb' und grau.
Es blies ein kalter Wind auf Heid' und Au
Er heulte durch den Wald voll herber Hast
Und rüttelte die letzte Frucht vom Ast.
Wie bald war jeder Baum, der einst geprahlt,
Der Frucht und Blätter bar — wie kahl und alt!
Es fielen Flocken, und es krächzten Raben,
Und sieh, der stolze Wald war wie begraben.
Nur jenes Bäumchen steht noch frisch und frei
Und grünt und flüstert sanft, wie einst im Mai. —
Und als die heilige Stund' gekommen war,
Da schwebte durch den Wald die Engelsschar
Zum Bäumchen zart und trug es durch die Nacht
In festlich aufgegangener Strahlenpracht.
— Wie Flammen sich zu Sternenkränzen reihn!
Und Früchte, die im Himmel nur gedeihn,
Die reifen auf dem Baum, und Gottes Herz
Sinkt liebevoll erlösend erdenwärts. —
So trägt der Baum, dereinst verschmäht, verflucht
Wie unser Heiland selbst, die schönste Frucht.
Und wo er kommt, da kommt er nicht allein,
Da bringt er Gaben mit für groß und klein,
Er führt den Jubel ein ins stille Haus
Und streckt die hundert vollen Arme aus.
— O, hört ihr säuseln es in seinen Zweigen,
O, hört ihr klingen sie, die Himmelslieder?
O, seht die Engelsschar in lichten Reigen,
Sie steigt zum lieben Kindesherzen nieder.
Dann grünt und blüht sie auf, die Lieb', im reinen
Allseligen, alleinzigen Erdentraum.
O sei mir hoch gegrüßt, du Freund der Kleinen,
Du Himmelsbote, heiliger Weihnachtsbaum!

Sei gegrüßt, du himmlischer Knabe!

Eine Weihnachtsandacht

Christkind, bist da; bist endlich nach langen traurigen Tagen wiedergekommen zu uns herab.

Ich hab' dich ersehnt als wie ein Kind; denn ich bin ein Kind mit bleichen Haaren.

Nun hör' ich dich rauschen in diesen Zweigen; vor deinem süßen, warmen Odem flackern die Lichter des heiligen Weihnachtsbaums.

O, sei gegrüßt, du himmlischer Knabe, der du mit den sonnigen Äuglein die schweren Nebel durchleuchtest, die hier im Tale des Tränentaues nimmermehr wollen schwinden.

Ich möchte dich wärmen an meinem Herzen, und muß mich fürchten, der menschlichen Leidenschaft stürmische Gluten könnten versengen dein lockiges Haar. Denn du bist gewohnt des ewigen Frühlings milden Hauch; o Gotteskind, bei dir daheim muß es schön sein!

Oft hör' ich es leis in den Lüften klingen, als wie ein Läuten und Grüßen von oben.

Dann faßt mich das Heimweh, und wie ein verirrtes Kind in der Nacht ruf' ich und such' ich den Weg zu den Wohnungen Gottes.

Erzähl' nun, erzähle, du holder Bote des Himmels, was waltet dein Vater, der ewige Herr?

Fast fürcht' ich, der Vater hätt' unser vergessen, denn wie den Sonnenstrahl vor Wetterstürmen, seh' ich auf Erden das Göttliche schwinden.

Gerechtigkeitsfreude ging uns verloren und reiner fröhlicher Sinn.

Die Kunst wühlt im Staube, die kindlichen Herzen verkümmern.

Wenn du, o mein süßer, heiliger Christ, von Zeit zu Zeit nicht kämest gesandt, es müßte der Pfad zwischen Himmel und Erden doch gänzlich verwildern.

Und mich verlangt es so heiß nach Kunde von oben, was all die Teueren, die uns verließen, denn machen im Lande der ewigen Liebe.

Mein Mütterlein treu; sie muß schon vor Zeiten angelangt sein auf mühevollen Krücken.

Zwar war sie fast blind, doch hat sie — das weiß ich — den Weg nicht verfehlt.

Wie geht's ihr? Singt sie noch immer die lustigen Lieder? Was werden die Engelein horchen und lachen! Was war das ein Spaß, wenn sie hat erzählt und gesungen! Und ernsthaft blieb sie dabei, denn taub war sie völlig und hat — wie ich meine — ihr fröhliches Singen und Sagen selbst nicht vernommen.

Und daß ich noch frage: Habt ihr ein Krankes im Himmel?

Wenn sie nicht Kranke kann warten, die Mutter, wachen die Nächte und sorgen und sich von dem Munde die Bissen abkargen, so ist sie nicht glücklich.

Sie wird es schon sein.

Denn sag' ihr, sie hätte auf Erden jetzt Enkelein süß; dieselben, die heute, o Christkind, dein strahlendes Bäumchen umjauchzen. Und sag' es der Mutter: wir lassen sie grüßen!

Dann wirst du, mein himmlischer Knabe, auch einem Frauenbild noch sein begegnet, jung wie der Mai, hold wie ein Engel; wirst es kaum glauben, daß sie auf Erden geboren.

Im Reigen der Reinsten und Seligsten, der treuen, opferfreudigen Seelen ist sie zu finden.

Du lächelst, mein Christkind, sahest sie schweben im weißen, myrtendurchwirkten Kleide.

Ein Antlitz, so zart, wie Kirschbaumblüh' — sie ist's! — und Augen, so sanft und seelentief — es muß sich darin ja Gatte und Kind noch spiegeln?

So bist ihr begegnet im himmlischen Land, wie einsam vielleicht sie gewandelt in stillen Hainen, und wartend.

Denn dann erst, wenn Gatte und Kinder bei ihr sind, will freudig sie eingehn zur Seligkeit.

Diese Frau, mein göttliches Kind, wenn du heimkehrst, wird fragen dich mit weinendem Lächeln, wie es doch war, als du den Weihnachtsbaum stelltest in das verwaiste Haus den jubelnden Kindern?

O, sag' ihr, wie frisch in den jungen Gemütern die früh uns verwelkte Lust dieser Welt wieder aufblüht.

Und sage, wie selig ich bin in den Kleinen, wie heiß ich ihr danke!

Und das, wie ich immer noch weinen muß — Bote der Liebe — das sag' ihr nicht.

Die heilige Weihnachtszeit

Nun ist der Christabend endlich gekommen.

In der Stube brennt heute eine geweihte Wachskerze. Auf dem weißgescheuerten Tisch ist aus steifpapiernen Heiligenbildern ein Altar aufgerichtet und inmitten steht das Kruzifix. In der Stube ist es feierlich und stille, aber draußen in der Nacht bläst der Nordwind und pfeift und poltert in der heiligen Stunde wie ein Heide. Doch auf den Fensterscheiben blühen Blumen und Rosen. Kennt ihr die Geschichte davon?

Da standen sie einst im Mai auf dem Fensterbrette, die Blumen und Rosen, und sie waren zart und frisch und blühten und dufteten — denn die Jungfrau pflegte sie und sie hatte ihre Freude an den Kindern des Frühlings. Aber da kam der heiße Sommer, und langsam starb der Blumenstrauß dahin. Als nun aber jene Nacht des Heiles und der Erlösung kam, in welcher die Toten in den Gräbern lebendig werden und die Geister singen: Ehre sei Gott in der Höhe! Da erschien auch der Geist des Blumenstraußes am Fenster und entfaltete sich in Zweigen und Rosen. Das sind die Blumengeister.

So etwa denkt sich das Mütterchen, das am Ofen kauert und betet, daß das Jesukind komme. Daneben kniet ein Knabe, der zittert in Angst und Erwartung und betet ebenfalls: „Lieb' Jesukindlein komme!"

Da geht die Tür auf und der Bauer und der Großknecht treten herein. Ersterer trägt ein Kohlengefäß, aus welchem Weihrauchwolken hervorqualmen, letzterer einen Topf mit Weihwasser und Sprengreisig.

So ziehen die beiden in Haus und Hof umher, mit dem geweihten Rauch und dem Weihwasser den Segen Gottes in alle Kisten und Kästen und Kammern und Ställe sprengend. Mitunter wird heute das ganze Grundstück umkreist und auf diese Art eingesegnet.

Dieses Rauchen und Sprengen wird auch in der Neujahrs- und Dreikönigsnacht wiederholt und werden solche Nächte die drei Rauchnächte genannt.

Im (windischen) Unterlande ist am heiligen Abende die Sitte des *Krippenverbrennens* üblich. Auf einsamer Weide werden spät abends drei Krippen in Asche gelegt und mit dieser Asche die Häupter der Mädchen bestreut, welche sich nach einem Manne sehnen. Nicht gestillt soll dadurch die Sehnsucht werden, wohl aber soll sie in Erfüllung gehen, worauf sich manche allerdings wieder das Haupt mit Asche bestreuen mag.

Nach dem „Rauchen" wird vor dem Hausaltare gebetet und darauf kommt ein heute besonders gutes Nachtmahl.

Nach demselben wird gewaschen und geputzt und gebürstet, und sind die Leute mit allem fertig, so setzen sie sich zu Tische, lesen drei Evangelien zum Christfeste oder singen *Weihnachtslieder*.

Mittlerweile wird es Zeit zum Kirchengang. Festlich angetan stehen die Leute um den Herd und zünden sich eine Fackel an. Diese voraus, eilen sie nun von ihren Bergen in die Täler, vereinigen sich dort mit anderen und ziehen hinaus gegen das Dorf zur Pfarrkirche. Viele sind weit von dieser entlegen und kommen erst oft um zwölf Uhr, wenn schon alle Glocken klingen, bei derselben an. Es ist schön, wie von allen Seiten die Lichter herbeikommen, und endlich um das Gotteshaus einen förmlichen Kranz bilden. Aber auch aus den hohen Kirchenfenstern strahlt heller Glanz und die Orgel tönt — schmetternde Musik erschallt vom Chor mitten in der Nacht und liebliche Weihnachtslieder wiegen dazwischen, freilich nur selten mehr jene alten Hirtenlieder, wie sie unsere Vorfahren in ihrer frommen einfältigen Weise und in ihrer Mundart gesungen haben.

Einige Proben.

Wir haben uns ein Hirtenleben nach oberländischer Art zu denken. Da erzählt denn auf winterlicher Heide ein Hirt dem anderen:

„He, Jodl, he Bua!
Schau, los a wenk zua.
Danahst is ba Mitternocht
Gwesen ka Rua;

Es liaß mih net schlofn,
Und tramen ah net;
Do hör ih wos ludlan
Gor eini ins Bet."

Dann war er verwirrt aufgesprungen, und:

„Wir ih zu mein Schäflein
Wult aussi auf d' Wocht,
Do tur ih an Stulpra,
Daß völli hot krocht!
Aft schrei ih um an Blos;
Geh, schau, wos is dos!

> Da Himmel steht offn,
> As wir a lars Foß.
> Die Heilign laffn auffer
> Und d' Engerln oll mit;
> Ich woaß doh ka Hochzat,
> Koan Kiatatonz nit."

Und wie hernach ein „goldener Bua" den Bericht gebracht habe, daß in einem Stalle zu Bethlehem unten der Heiland geboren sei:

> „Der Himmel war zbrochn,
> Gott lag auf der Erd!" —
> „Jo, d' Liab hät däs gmocht,
> Daß *er* daher krocht
> Herunter auf d' Erd
> Und häts Heil uns mitbrocht."

Und weiter erzählt der Hirte, wie sie, die Schäfer, zu Paar und Paar hineingegangen sind in den Stall, und:

> „Ih bracht eahm Lampl,
> Da Rüapl a Henn."

Hernach hätten sie ein Liedchen gesungen; dann seien auch noch andere dahergerannt. Engel mit dem Gloria in excelsis Deo:

> „Sie sungen von an Briaf außer; —
> Ih hon nix kennt."

Weiter:

> „Wia 's lieb Kindelein
> Wullt schlofn schon ein
> Do sog ih eahm hoamli
> Ins Wascherl hinein:
> Loß da nix bös's trama
> Wegn unsera Sünd! —"

Zuletzt fiel ihm, dem Hirten, noch ein, daß ein Wieglein sollt' sein, und nahm sich sogleich vor, beim „Uhrkastenmacher" eines zu bestellen. Und beim Abschiednehmen vom Kinde muß der gute Schäfer wohl ans Sterben und an noch was Ärgeres gedacht haben, denn er empfielt sich angelegentlich:

> „Zmol, wann da bös Fankerl
> Uns fechtn wollt on,
> Schlogn auffi auf d' Schwortn,
> Gibn jo kan Pardon!"

So weit dieses Weihnachtslied.

Noch toller und derber ist der Weckruf des Hirten in einem anderen Gesang:

> „Auf, du fauler Bärenhäuta,
> Wos duslst dan so long im Bet,
> Steh doh auf und ziah dih weita,
> Wegn wos schomst dann du dih net!
> Hörst nit d' Engl tonzn, singa,
> Ziternschlogn und blosn ah;
> So kunts Koana zwegabringa,
> Wans da besti Spielmon wa!"

Oder aus einem dritten Lied:

> „Hon in Bartl aufgweckt,
> Hot gschlofn stoanfest,
> Hon an grupft, hon an gsteßn,
> Hot d' Hosn vagessn,
> Wird munter auf d' Letzt,
> Hot d' Augn ausgwetzt."

Und wie lieblich ist in demselben Liede die Bezeichnung der Mutter des Kindes:

> „Da Vota stoanolt,
> Die Muata bluatjung,
> Schön weiß as wia Kreid'n,
> Schön mild als wia Seidn,
> A liabli schöns Weib,
> Demüati dabei!"

Und wie rührend klingt die Barmherzigkeit und menschliche Teilnahme aus folgenden Strophen:

„Bruada, gehst du ah mit mir?
Nim dein Dudlsock ah mit dir,
Und d' Schalmei dazua!
Wan ma gehn in Stoll hinein,
Grüaß ma gschwind das Kindelein,
Und pfeif' oans dazua!
Bruada, geh stichs Lamperl o,
Weil ma holt nix bessers hobn,
Ziahn's Pelzl aus!
Hüll ma zua das Kindlein guat,
Daß 's uns nit dafruisn (erfrieren) tuat;
Wia wa nit däs a Graus!
Ach, wia gfruist das göttli Kind,
Wia geht nit aus und ein da Wind!
Liegt auf Heu und Stroh!
Wann ih nur se Häuserl hät.
Däs doscht unt im Dörferl steht;
Do nahm ih d' Muata mit dem Kind,
Und trogads in mein Häuserl gschwind,
Wia war ih nit so froh!"

Oder:

„Ruafts ma die Schäflein gschwind zsom,
Hobn ma dabei a foasts Lom;
Hobns kriagt vor etla Togn,
Wölln mas dem Kindlein wogn,
Deaf ah der olti Tatl
Sih davon brotn a Bratl!"

Das ist ein gemütliches Wiegen und Jodeln — selbst die ältesten Leute singen heute mit. Und während der Wandlung hört man gar den Kuckuck und die Nachtigall ... es ist die liebe, die süße Christnacht!

Erscheinen uns die alten Krippenlieder auch weltlich — sie sind es nicht; sie sind der Ausdruck eines heiteren, gläubigen, kindlichen Gemütes; sie verdienen dieselbe Achtung und Pflege, wie wir sie dem Volksliede im allgemeinen angedeihen lassen. Und wir, die wir ja so große Ehre darein setzen, die duldsamen, vorurteilslosen Freunde des Volkes zu heißen, wir sollen dieses Erbe unserer frommen Väter auch aus der Kirche nicht verbannen, so lange wir nichts Besseres dafür hineinzustellen haben? So lange Kirchen stehen werden, wird und muß Einfalt in denselben daheim sein, und zwar unmittelbar verkehrend zwischen diesem freud- und leidvollen Leben und dem Gegenstande des Glaubens und der Hoffnung. Und wenn ein liebesseliger Alpenbursche in seine Pfarrkirche kommt und hier vor dem Tabernakel seinem Glücke durch einen wilden Jodler Luft macht — was verschlägt's? — er lobt Gott nach *seinem* Herzen. —

Nun von der Kirche wieder zurück zum stillen Gehöfte. Da mögen uns weitaus törichtere Dinge und Gläubigkeiten begegnen, als sie in jenen frommen Gesängen vorkommen.

Wer zu Hause bleibt, der hat gar eine wundersame Stunde zu durchleben. Er denkt heute nicht an den Schlaf, sondern befleißigt sich des Gebetes und frommer Übungen. Nun, und zwischen elf und zwölf Uhr ist die Zeit zum „Losen". Jawohl, zum Lauschen an den Stalltüren und Krippen, denn zu dieser geheimnisvollen Stunde redet das Vieh in menschlicher Sprache, und wer Farnsamen bei sich hat, der kann's hören.

Derlei Weihnachtssagen gibt es unzählige.

Will einer die Toten sehen, so muß er den ganzen Advent hindurch bis Weihnachten einen Stuhl aus mehreren bestimmten Holzgattungen anfertigen, dann mit demselben in der Christnacht auf einen Kreuzweg gehen und auf denselben steigen. Dann sieht er alle Toten ohne Kopf.

Wenn es an diesem Abende Ave-Maria läutet, so laufen die Leute hinaus unter einen Zwetschkenbaum und beten, hören sie dann in der Scheuer etwas poltern, so stirbt jemand.

Wenn man nach der Mette nach Hause kommt, muß man dreimal ums Haus gehen und durch das vordere Fenster hineinsehen. Hört man Musik, so wird im Hause eine Hochzeit sein, hört man sägen, eine Leiche.

Fällt man beim Nachhausegehen von der Christmette, so stirbt man im nächsten Jahre.

Wenn am Christabend zuerst Licht in die Stube kommt, muß man nach seinen Schatten sehen, sieht man ihn ohne Kopf, so stirbt man.

Will eine Frau wissen, wer im nächsten Jahr stirbt, so fegt sie Abend neunmal die Stube von vorn nach hinten, darauf läuft sie neunmal ums Haus und sieht beim zehntenmal durchs Fenster ins Zimmer. Sieht sie eine Bahre, so stirbt jemand.

Will man seinen künftigen Beruf erfahren, so geht man um die elfte Stunde, wenn in der Pfarrkirche geläutet wird, mit einem Trinkglase zum Brunnen, tut dann Eiweiß in das Glas und sieht nach der Rückkehr von der Metten hinein. Wird man Geistlicher, so sieht man einen Kelch.

Ist es in der Christnacht windig, so entsteht Krieg.

Wenn die Mädchen von der Metten aus der Kirche gehen, ziehen sie am Glockenstricke, in dem Glauben, daß sie dann im nächsten Jahre heiraten werden.

Ist die Christnacht schön und heiter, so wird die Ernte des nächsten Jahres schlecht ausfallen; ist sie aber recht dunkel, so wird die Ernte gut.

Durchsticht man am Christabend ein rotes Spielkartenbild, so kann man durch das Loch die Hexen tanzen sehen.

Um Weihnachten kann man dem Vieh am meisten schaden, besonders können die Zauberer am Heiligen Abend den Pferden Krankheiten zufügen, damit ihre eigenen dann um so besser gedeihen.

Glaubt man heute gleichwohl nicht mehr recht an solche Sachen, so ist es doch ein unheimliches Wachen in dem einsamen Hause.

Um drei oder vier Uhr morgens kommen die Leute von der Mette endlich heim. Hier erwartet sie Fleisch und „Kletzenbrot", damit in dieser segensreichen Nacht auch dem Leibe Heil widerfahre!

In der Gegend von Schöder gehen zu Weihnachten die Kinder von Haus zu Haus „bisen", d. h. sammeln. Was sie kriegen heißt Bisengut — 's ist dem Jesukind vermeint, aber es erfreut und sättigt auch die Menschenkinder.

Jetzt aber muß ich noch ein Weihnachtsgeschichtel erzählen aus meinen jungen Jahren.

An einem Dezemberabend kam der Bettelmann zu uns ins Waldbauernhaus. Er war noch nicht betagt, war nicht mühselig, aber er bettelte. Er stehe sich beim Betteln besser, meinte er, als beim Arbeiten. Erstens sei im Winter bei den Bauern schwer eine Arbeit zu bekommen, zweitens sei das Holzhacken im Schnee weniger angenehm als das Sitzen in der warmen Stube als „Statthalter Gottes". Damit spielte der Schalk auf den Pfarrer an, der gerne predige über den Text, daß der Herr Jesus heute noch auf Erden wandle, und zwar in Gestalt der Armen, und daß, was man den Armen tue, ihm selbst getan sei.

Diese schöne Lehre der Barmherzigkeit verstand der Bremersepp — wie er hieß — nicht übel auszunutzen, und so saß er in den Bauernstuben herum, einmal am Herde, einmal am Tische, dann wieder neben dem Strohschaub, den er als Bett erhielt unter dem Ofen. Freimütig gesagt, waren aber die Bauern in unserem Alpel immer noch nicht evangelisch genug gesinnt, um eine solche Statthalterschaft recht zu schätzen, sie duldeten den Faulenzer aus einem anderen Grund. Etliche Wochen früher war der Bremer als Verabschiedeter vom Militär zurückgekommen. Seine Verwandten waren während seiner Abwesenheit gestorben, er fand kein Heim mehr, nachdem er zwölf Jahre lang bei den Soldaten gewesen. Aber er wußte sonderlei Merkwürdigkeiten zu erzählen von der weiten Welt und aus seinem Leben als Tambour, er kannte auch viele wundersame Geschichten, Märchen und hatte allerhand Schnurren und Schwänke in sich, mit denen er die Leute an den langen Abenden köstlich unterhielt. Dem Hausvater war stets daran gelegen, daß die Knechte und Mägde beim Späneklieben, Rübenabkräuteln, Krautschaben und Flachsspinnen nicht allzu früh schläfrig wurden und dann etwa von der alten Gewohnheit, um neun Uhr ins Bett zu gehen, Gebrauch machten. Der Bremer packte seine „Faxen" aus, sie bewunderten, sie lachten, sie schauderten und blieben oft bis gegen Mitternacht bei der Arbeit.

So hat sich der „Statthalter" erklecklich ausgezahlt, und wir, die jüngeren, hatten an dem vielerfahrenen Manne einen lustigen Lehrmeister, dem besonders ich etwelches zu verdanken habe; manche meiner Geschichten, die erst in späten Jahren reif geworden, hat damals der Bremer gesät. Wenn der Bettelmann Gefahr witterte, daß er am nächsten Tage mit seinem Tragkorb höflich weitergeschickt werden könnte zum Nachbar, so hub er am Abende zuvor eine wunderbare Begebenheit an zu erzählen und verschob die Fortsetzung auf den nächsten Abend. In alten Zeiten hat diesen Spaß schon die berühmte Scheherazade erprobt, heute wiederholen ihn die Zeitungen, er bewährt sich immer, und den Bremer haben sie nirgends fortgeschickt, bevor er eine merkwürdige Geschichte zu Ende erzählt.

So war der Bremersepp also auch bei uns eingetreten mit der artigen Bitte, er möchte seine verfrorenen Beine gerne ein wenig wärmen an dem Herdfeuer. Meine Mutter riet ihm das Schneeschaufeln, das mache auch warm.

„Oh, meine liebe Waldbäuerin!" rief der Bremer, „warm macht's freilich, aber helfen tut's nichts; schaden tut's. Die sündteuren Schaufeln wetzt man dabei ab und morgen schneit es doch wieder alles zu. Und wenn's nicht zuschneit, so ist's noch schlimmer bei der unsicheren Zeit, wo die Schelme und Räuber frei truppenweise umherziehen bei der Nacht. Sich gut in Schnee einmauern lassen und das Haus mit Mannerleuten besetzen, auch mit solchen, die von Wehr und Waffen was verstehen, ist das allerbeste, was gescheite Waldbauersleute tun können."

Wir im kargen Waldbauernhause hatten zwar nie besonderen

Anlaß, uns vor Räubern zu fürchten, doch aber mochte meine Mutter gedacht haben: weil er gar so schlau schwatzen kann, mag er halt sitzen bleiben in der Stube. Gut schwatzen muß man auch lohnen. – Saß also der Bremer noch am selbigen Abend beim Ofen und saß eine Woche später auch noch beim Ofen.

Wir hatten ihn recht gern, er war auch außerhalb seiner Schnurren ein ergötzlicher, ganz artiger Mensch. Und gar nicht übel anzusehen! Die blaue Soldatenhose hatte er an und die graue Holzmütze auf, unter welcher an beiden Ohren die schneidigen Lokkensechser, hübsch glatt gewichst, hervorstanden. Er hielt was auf sich und tat sich täglich an den Backen und dem Kinn rasieren, auch hinten am Nacken; weil er dorthin selbst nicht gelangen konnte, so mußte ihm unser Altknecht die goldigglitzernden Härchen wegkratzen. Das Schnurrbärtl ließ er stehen und spitzte es mit Schusterpech scharf auf, daß es nach beiden Seiten ganz bajonettartig in die Luft stach, gleichsam wie eine Waffenbereitschaft, für den Fall ihn eine unserer Dirnen plötzlich küssen wollte. Ob eine solche Gefahr bestand, das weiß ich nicht, wenigstens hat er sie nicht selbst heraufbeschworen. Für einen dreiunddreißigjährigen Soldatenabschieder tat er spottwenig um mit den Dirnlein. Höchstens guckte er manchmal der einen so ein bißchen schiefwinklig nach, der Stallmagd Christina. Und siehe, diese Christina hatte einen großen Abscheu vor dem hübschen Bettelmann. Sie war sonst ein rundes gutmütiges „Leutel", aber wenn ihr der Bremer in die Nähe kam, da wurde sie ganz eckig, spitzte die Ellbogen und war aufgeregt wie eine Henne, wenn der Geier nicht weit ist. Sie ließ ihm auch ihre Verachtung merken. Der Bremer aber schmunzelte ihr nach und drehte an seinen Bartspitzen.

Und als der Mann so eine Woche bei uns im Waldhause gewesen war, da kam das heilige Weihnachtsfest. In der Christnacht verließ alles, was gehen konnte, das Waldhaus und ging über die weiten Höhen hin zur Kirche von Fischbach, wo ununterbrochen die Glocken läuteten, bis, wie man sagte, der letzte herauskam vom hintersten Graben. Aus fernem Tal her kam hin und wieder ein leiser, halbverlorener Glockenklang auch zu uns herauf. Es war eine helle Mondnacht, nur bisweilen flogen Wolkenfetzen vorüber und verdeckten das stillheitere Rundgesicht am Himmel. Unser waren ein ganzes Rudel von Burschen und Dirnen; Vater und Mutter nur waren daheim geblieben, um das alte Haus zu hüten. Der „Statthalter" war auch bei uns und brachte wieder Schnurren vor. So wußte er vom Teufel zu erzählen, der in der Christnacht mit dem Fünfguldenbeutel umgeht, den er solchem, der ihm die Seele verschreibt, zum Angebinde verehrt; von den

Tieren, die in dieser Nacht in menschlicher Sprache sich ihre Leiden klagen, die sie das Jahr hindurch von den argen Menschen auszustehen gehabt, und auch von den Wolken, die jedem, der so was zu lesen versteht, alle Bevorstehungen des kommenden Jahres an den Himmel schreiben.

Die Stallmagd Christina entrüstete sich stumm über derlei Frevel, die Weidmagd hingegen war auf ihre „Bevorstehungen" besonders neugierig, sie fragte daher, wie das wäre.

„Ja, mein Schatzerl, das ist so!" belehrte der Bremer und drückte sich eng unter die Leute. „Da müssen wir aufpassen, wenn ein Kreuzweg kommt. Am Kreuzweg müssen wir uns alle aufstellen im Kreis und gegen Himmel schauen, was die Wolken für Figuren machen, und auf die Baumäste horchen, ob sie kraxen. Da werden wir schon etwas erfahren. Seid ihr dabei?"

Wir waren alle dabei. Auf der flachen Höhe des Waldes angelangt, sahen wir im Mondenlicht den Pfahl, welcher mit drei Armen hinauswies gen Stanz, gen Sankt Kathrein und gen Fischbach. Der Bremer kommandierte uns in Reih und Glied eines Kreises. Ein alter Kohlenbrenner aber war mit, der lief abseits, hielt sich Augen und Ohren zu: er wolle nichts wissen. Das Unglück, wenn eins bevorstehe, erfahre der Mensch immer noch früh genug.

Wir andern standen im Kreise, immer ein Bub und ein Mädel aneinander, und hielten uns an den Händen, und schauten in den Mond, an welchem die Wolken zogen. Für jeden und jede besonders wurde wahrgesagt, und der Bremer wählte die Leute und deutete die Dinge. Mit dem Altknecht hub es an, da stand der lachende Mond rein und die Wolken wichen ihm aus. „Der Altknecht hat siebzig Gulden Jahrlohn, da wird freilich der Himmel nicht trüb werden", sagte der Bremer. Als es die alte zahnlückige Liesel galt, die gern keifte, da versteckte sich der Mond rasch hinter eine dichte Wolke. „Ist ohne weitere Auslegung verständlich", sagte der Bremer. Beim Feldbuben Hans bildete die Wolke neben dem Mond eine Art Sack, der aber sachte zusammenschrumpfte. „Wird auch aufs Jahr Karten spielen, der Hansel", sprach der Bremer. Beim Ochsenknecht kam ein großes Ungeheuer heran, tat den Rachen auf und fraß den Mond. Dieses Zeichen wußte der Bremer nicht zu erklären. „Wenn man sich heutzutage noch dem Schwarzen verschreiben könnte, so möchte ich an so etwas denken", sagte er. Wir mußten es der Zeit überlassen, was sie über den Ochsenknecht verhängen würde. Bei der Stallmagd Christina, die sich widerwillig in den Kreis gestellt hatte, hub ein helles Hallo an! Gerade unter dem Monde spielten die Wolkenzipfel so, als ob ein Männlein und ein Weiblein nebeneinander ständen und sich die Hände reichten. „Heiraten wird sie", sagte der Bremer in dumpfem Tone. Da schrie die Christina auf: „Ich mag nit heiraten!" riß aus und lief wegshin. Aber sie wendete sich um, noch hörten wir ihre helle Stimme: „Keinen Faulenzer mag ich nit! Keinen Menschen, der kerngesund ist und seine geraden Glieder hat und nit arbeiten will, den mag ich nit! Die starken Händ' zum Betteln aufhalten, pfui Teufel! Und wenn's das einzige Mannsbild wär' auf der Welt, und wenn er in Guld und Edelgestein gefaßt wär', und wenn er so schön wär' wie der Adam alßer neuer, wie ihn Gott derschaffen gehabt hat: wenn er nit arbeiten tät', wenn er nur schmarotzen wollt, so möcht' ich ihn nimmer und nimmer zu meinem Mann. Gute Nacht allmiteinand!" Und dann war sie in den Waldweg verschwunden.

Etliche von uns lachten, andere schauten auf den Bremer. Wie der hölzerne Wegweiser daneben, so starr stand er da und endlich sagte er leise und langsam: „Das ist ein verflucktes Weibmensch, diese Christina, aber − − recht hat sie!"

Und dann ist er ihr nachgegangen. Denn dumm war er nicht, wußte auch, was er wollte. − Wer hat ihr denn gesagt, daß sie just den „Faulenzer" nehmen sollte? Das hatte der Mond nicht gesagt, und sonst auch niemand. Ei, doch! Einer hatte es gesagt, aber ganz heimlich, in stiller Nacht, nur zu sich allein gesagt, und das war er selber, der Sepp. − Und die Christina hatte sich jetzt gottlos verraten. Die muß schön viel an ihn denken, wenn ihr kein anderer einfällt, den sie − nicht heiraten will!

Kurze Zeit darauf stand die Wegzeigersäule wieder allein auf der Waldhöhe, und das Wolkenspiel fuhr fort, die künftigen Geschicke den Menschen an den Himmel zu zeichnen.

Ob es aber auch zutrifft?

Ein Jahr darauf, als wieder Weihnachten kam, hatte der Ochsenknecht sein arm Dirnlein verlassen und in einen großen Bauernhof geheiratet. Aber in diesem Hofe, neben dem Geldsack, saß ein Drache, die alte Bäuerin, der er sich hatte verschreiben müssen mit Leib und Seele.

Und der Bremersepp? Der hatte ein Kleinhäusel gepachtet, im Frühjahr den Acker gepflügt, Korn gesät und Kartoffeln angebaut. Und dann war eines Tages zu uns gekommen − wieder als Bettelmann. Nicht mehr bettelte er um einen Sitz am warmen Ofen, nicht mehr um eine warme Suppe, er bettelte um die Stallmagd Christina, die freilich auch nicht kalt war. Zuerst schmetterte sie ihm unter glühendem Augenleuchten sein bisheriges Vagabundenleben ins Gesicht, dann nahm sie ihn. Denn sein

Korn stand schon im Grünen und die Kartoffeln huben an zu blühen, so brauchte er weiter nicht ein Wort zu sagen, daß er auch arbeiten könne. — Die Gefahr zeigte sich erst wieder in späteren Jahren. Als die Kindlein erschienen waren, wollte er nicht mehr draußen ackern oder Holz schneiden, wollte lieber in der Stube bei den Kleinen sitzen und ihnen allerlei Geschichten erzählen und Schnaken vormachen, weil sie gar so fröhlich dabei lachten. — Da sah er einmal bei einem Kreisstehen in der Weihnacht, das er nach altem Brauche gerne noch trieb, am Himmel ein seltsam Spiel. Die Ruine eines Hauses und eine Gruppe von verkümmerten Bettelleuten, die unter einer Riesenpeitsche sich in Fetzen lösten. — Da ging er hin, arbeitete mit neuem Eifer, und die heiteren Schwänke hob er sich für den Sonntag auf.

Ums Vaterwort

Ich habe im Grunde keine schlechte Erziehung genossen, sondern gar keine. War ich ein braves, frommes, folgsames, anstelliges Kind, so lobten mich meine Eltern; war ich das Gegenteil, so zankten sie mich derb aus. Das Lob tat mir fast allezeit wohl, und ich hatte dabei das Gefühl, als ob ich in die Länge ginge, weil manche Kinder wie Pflanzen sind, die nur bei Sonnenschein schlank wachsen.

Nun war mein Vater aber der Ansicht, daß ich nicht allein in die Länge, sondern auch in die Breite wachsen müsse, und dafür sei der Ernst und die Strenge gut.

Meine Mutter hatte nichts als Liebe. Liebe braucht keine Rechtfertigung, aber die Mutter sagte: wohlgeartete Kinder würden durch Strenge leicht verdorben, die Strenge bestärke den in der Jugend stets vorhandenen Trotz, weil sie ihm fort und fort neue Nahrung gebe. Er schlummere zwar lange, so daß es den Anschein habe, die Strenge wirke günstig, aber sei das Kind nur erst erwachsen, dann tyrannisiere es jene, von denen es in seiner Hilflosigkeit selbst tyrannisiert worden sei. Hingegen lege die liebevolle Behandlung den Widerspruchsgeist schon beizeiten lahm; Kindesherzen seien wie Wachs, ein Stück Wachs lasse sich nur um die Finger wickeln, wenn es erwärmt sei.

Mein Vater war von einer abgrundtiefen Güte, wenn er aber Bosheit witterte oder auch nur Dummheit, da konnte er scharf werden. Es dauerte aber nie lange. Er verstand es nur nicht immer, das rechte Wort zu sagen. Bei all seiner Milde hatte der mit Arbeit und Sorgen beladene Mann ein stilles, ernstes Wesen; seinen reichen Humor ließ er vor mir erst später spielen, als er vermuten konnte, daß ich genug Mensch geworden sei, um denselben aufzunehmen. In den Jahren, da ich das erste Dutzend Hosen zerriß, gab er sich nicht just viel mit mir ab, außer wenn ich etwas Unbraves angestellt hatte. In diesem Falle ließ er seine Strenge walten. Seine Strenge und meine Strafe bestand gewöhnlich darin, daß er vor mich hintrat und mir mit zornigen Worten meinen Fehler vorhielt und die Strafe andeutete, die ich verdient hätte.

Ich hatte mich beim Ausbruche der Erregung allemal vor den Vater hingestellt, war mit niederhängenden Armen wie versteinert vor ihm stehengeblieben und hatte ihm während des heftigen Verweises unverwandt in sein zorniges Angesicht geschaut. Ich bereute in meinem Inneren den Fehler stets, ich hatte das deutliche Gefühl der Schuld, aber ich erinnere mich auch an eine andere Empfindung, die mich bei solchen Strafpredigten überkam: es war ein eigenartiges Zittern in mir, ein Reiz- und Lustgefühl, wenn das Donnerwetter so recht auf mich niederging. Es kamen mir die Tränen in die Augen, sie rieselten mir über die Wangen, aber ich stand wie ein Bäumlein, schaute den Vater an und hatte ein unerklärliches Wohlgefühl, das in dem Maße wuchs, je länger und je ausdrucksvoller mein Vater vor mir wetterte.

Wenn hierauf Wochen vorbeigingen, ohne daß ich etwas heraufbeschwor, und mein Vater immer an mir vorüberschritt, als wäre ich gar nicht vorhanden, und nichts und nichts zu mir sagte, da begann in mir allmählich wieder der Drang zu erwachen und zu reifen, etwas anzustellen, was den Vater in Zorn bringe. Das geschah nicht, um ihn zu ärgern, denn ich hatte ihn überaus lieb; es geschah gewiß nicht aus Bosheit, sondern aus einem anderen Grunde, dessen ich mir damals nicht bewußt gewesen bin.

Da war es einmal am heiligen Christabend. Der Vater hatte den Sommer zuvor in Mariazell ein schwarzes Kruzifixlein gekauft, an welchem ein aus Blei gegossener Christus und die aus demselben Stoffe gebildeten Marterwerkzeuge hingen. Dieses Heiligtum war in Verwahrung geblieben bis auf den Christabend, an welchem es mein Vater aus seinem Gewandkasten hervornahm und auf das Hausaltärchen stellte. Ich nahm die Stunde wahr, da meine Eltern und die übrigen Leute noch draußen in den Wirtschaftsgebäuden und in der Küche zu schaffen hatten, um das hohe Fest vorzubereiten; ich nahm das Kruzifixlein mit Gefahr meiner geraden Glieder von der Wand, hockte mich damit in den Ofenwinkel und begann es zu verderben. Es war mir eine ganz seltsame Lust, als ich mit meinem Taschenfeitel zuerst die Leiter, dann die Zange und den Hammer, hernach den Hahn des Petrus und zuletzt den lieben Christus vom Kreuze löste. Die Teile kamen mir nun getrennt viel interessanter vor als früher im Ganzen; doch jetzt, da ich fertig war, die Dinge wieder zusammensetzen wollte, aber nicht konnte, fühlte ich in der Brust eine Hitze aufsteigen, auch meinte ich, es würde mir der Hals zugebunden. — Wenn's nur beim Ausschelten bleibt diesmal ...? — Zwar sagte ich mir: das schwarze Kreuz ist jetzt schöner als früher; in der Hohenwanger Kapelle steht auch ein schwarzes Kreuz, wo nichts dran ist, und gehen doch die Leute hin, zu beten. Und wer braucht zu Weihnachten einen gekreuzigten Herrgott? Da muß er in der Krippe liegen, sagt der Pfarrer. Und das will ich machen.

Ich bog dem bleiernen Christus die Beine krumm und die Arme über die Brust und legte ihn in das Nähkörbchen der Mutter und stellte so mein Kripplein auf den Hausaltar, während ich das

Kreuz in dem Stroh des Elternbettes verbarg, nicht bedenkend, daß das Körbchen die Kreuzabnahme verraten müsse.

Das Geschick erfüllte sich bald. Die Mutter bemerkte es zuerst, wie närrisch doch heute der Nähkorb zu den Heiligenbildern hinaufkäme?

„Wem ist denn das Kruzifixlein da oben im Weg gewesen?" fragte gleichzeitig mein Vater.

Ich stand etwas abseits und mir war zumute, wie einem Durstigen, der jetzt starken Myrrhenwein zu trinken kriegen sollte. Indes mahnte mich eine absonderliche Beklemmung, jetzt womöglich noch weiter in den Hintergrund zu treten.

Mein Vater ging auf mich zu und fragte fast bescheidentlich, ob ich nicht wisse, wo das Kreuz hingekommen sei? Da stellte ich mich schon kerzengerade vor ihn hin und schaute ihm ins Gesicht. Er wiederholte seine Frage; ich wies mit der Hand gegen das Bettstroh, es kamen die Tränen, aber ich glaube, daß ich keinen Mundwinkel verzogen habe.

Der Vater suchte das Verborgene hervor und war nicht zornig, nur überrascht, als er die Mißhandlung des Heiligtums sah. Mein Verlangen nach dem Myrrhenwein steigerte sich. Der Vater stellte das kahle Kruzifixlein auf den Tisch. „Nun sehe ich wohl", sagte er mit aller Gelassenheit und langte seinen Hut vom Nagel. „Nun sehe ich wohl, er muß endlich rechtschaffen gestraft werden. Wenn einmal der Christi-Herrgott nicht sicher geht ... Bleib' mir in der Stuben, Bub!" fuhr er mich finster an und ging dann zur Tür hinaus.

„Spring ihm nach und schau' zum Bitten!" rief mir die Mutter zu, „er geht Birkenruten schneiden."

Ich war wie an den Boden geschmiedet. Gräßlich klar sah ich, was nun über mich kommen würde, aber ich war außerstande, auch nur einen Schritt zu meiner Abwehr zu machen. Kinder sind in solchen Fällen häufig einer Macht unterworfen, die ich nicht Eigensinn oder Trotz nennen möchte, eher Beharrungszwang; ein Seelenkrampf, der sich am ehesten selbst löst, sobald ihm nichts Anspannendes mehr entgegengestellt wird. Die Mutter ging ihrer Arbeit nach, in der abendlich dunkelnden Stube stand ich allein und vor mir auf dem Tisch das verstümmelte Kruzifix. Heftig erschrak ich vor jedem Geräusch. Im alten Uhrkasten, der dort an der Wand bis zum Fußboden niederging, rasselte das Gewicht der Schwarzwälderuhr, welche die fünfte Stunde schlug. Endlich hörte ich draußen auch das Schneeabklopfen von den Schuhen, es waren des Vaters Tritte. Als er mit dem Birkenzweig in die Stube trat, war ich verschwunden.

Er ging in die Küche und fragte mit wild herausgestoßener Stimme, wo der Bub sei? Es begann im Hause ein Suchen, in der Stube wurden das Bett und die Winkel und das Gesiedel durchstöbert, in der Nebenkammer, im Oberboden hörte ich sie herumgehen; ich hörte die Befehle, man möge in den Ställen die Futterkrippen und in den Scheunen Heu und Stroh durchforschen, man möge auch in den Schachen hinausgehen und den Buben nur stracks vor den Vater bringen. Diesen Christtag solle er sich für sein Lebtag merken! – Aber sie kehrten unverrichteter Dinge zurück. Zwei Knechte wurden nun in die Nachbarschaft geschickt, aber meine Mutter rief, wenn der Bub etwa zu einem Nachbar über Feld und Heide gegangen sei, so müsse er ja erfrieren, es wäre sein Jöpplein und sein Hut in der Stube. Das sei doch ein rechtes Elend mit den Kindern!

Sie gingen davon, das Haus wurde fast leer und in der finsteren Stube sah man nicht mehr als die grauen Vierecke der Fenster. Ich stak im Uhrkasten und konnte durch das herzförmige Loch hervorgucken. Durch das Türchen, welches für das Aufziehen des Uhrwerkes angebracht war, hatte ich mich hineingezwängt und innerhalb des Verschlages hinabgelassen, so daß ich nun im Uhrkasten ganz aufrecht stand.

Was ich in diesem Verstecke für Angst ausgestanden habe! Daß es kein gutes Ende nehmen konnte, sah ich voraus, und daß die von Stunde zu Stunde wachsende Aufregung das Ende von Stunde zu Stunde gefährlicher machen mußte, war mir auch klar. Ich verwünschte den Nähkorb, der mich anfangs verraten hatte, ich verwünschte das Kruzifixlein – meine Dummheit zu verwünschen, das vergaß ich. Es gingen Stunden hin, ich blieb in meinem aufrechtstehenden Sarge und schon saß mir der Eisenzapfen des Uhrgewichtes auf dem Scheitel und ich mußte mich womöglich niederducken, sollte das Stehenbleiben der Uhr nicht Anlaß zum Aufziehen derselben und somit zu meiner Entdeckung geben. Denn endlich waren meine Eltern in die Stube gekommen, hatten Licht gemacht und meinetwegen einen Streit begonnen.

„Ich weiß nirgends mehr zu suchen", hatte mein Vater gesagt und war erschöpft auf einen Stuhl gesunken.

„Wenn er sich im Wald vergangen hat oder unter dem Schnee liegt!" rief die Mutter und erhob ein lautes Klagen.

„Sei still davon!" sagte der Vater, „ich mag's nicht hören."

„Du magst es nicht hören und hast ihn mit deiner Herbheit selber vertrieben."

„Mit diesem Zweiglein hätte ich ihm kein Bein abgeschlagen", sprach er und ließ die Birkenrute auf den Tisch niederpfeifen.

„Aber jetzt, wenn ich ihn erwisch', schlag' ich einen Zaunstecken an ihm entzwei."

„Tue es, tue es — 'leicht tut's ihm nicht mehr weh", sagte die Mutter und begann zu schluchzen. „Meinst, du hättest deine Kinder nur zum Zornauslassen? Da hat der lieb' Herrgott ganz recht, wenn er sie beizeiten wieder zu sich nimmt! Kinder muß man liebhaben, wenn etwas aus ihnen werden soll."

Hierauf er: „Wer sagt denn, daß ich den Buben nicht liebhab'? Ins Herz hinein, Gott weiß es! Aber sagen mag ich ihm's nicht; ich mag's nicht und ich kann's nicht. Ihm selber tut's nicht so weh als mir, wenn ich ihn strafen muß, das weiß ich!"

„Ich geh' noch einmal suchen!" sagte die Mutter.

„Ich will auch nicht dableiben!" sagte er.

„Du mußt mir einen warmen Löffel Suppe essen! 's ist Nachtmahlszeit", sagte sie.

„Ich mag jetzt nicht essen! Ich weiß mir keinen anderen Rat", sagte mein Vater, kniete zum Tisch hin und begann still zu beten.

Die Mutter ging in die Küche, um zur neuen Suche meine warmen Kleider zusammenzutragen, für den Fall, als man mich irgendwo halberfroren finde. In der Stube war es wieder still und mir in meinem Uhrkasten war's, als müsse mir vor Leid und Pein das Herz platzen. Plötzlich begann mein Vater aus seinem Gebete krampfhaft aufzuschluchzen. Sein Haupt fiel nieder auf den Arm und die ganze Gestalt bebte.

Ich tat einen lauten Schrei. Nach wenigen Sekunden war ich von Vater und Mutter aus dem Gehäuse befreit, lag zu Füßen des Vaters und umklammerte wimmernd seine Knie.

„Mein Vater, mein Vater!" Das waren die einzigen Worte, die ich stammeln konnte. Er langte mit seinen beiden Armen nieder und hob mich auf zu seiner Brust und mein Haar ward feucht von seinen Zähren. Mir ist in jenem Augenblicke die Erkenntnis aufgegangen.

Ich sah, wie abscheulich es sei, diesen Vater zu reizen. Aber ich fand nun auch, *warum* ich es getan hatte. Aus Sehnsucht, das Vaterantlitz vor mir zu sehen, ihm ins Auge schauen zu können und seine zu mir sprechende Stimme zu hören. Sollte er schon nicht mit mir heiter sein, so wie es andere Leute waren, so wollte ich wenigstens sein zorniges Auge sehen, sein herbes Wort hören; es durchrieselte mich mit süßer Gewalt, es zog mich zu ihm hin. Es war das Vaterauge, das Vaterwort.

Kein böser Ruf mehr ist in die heilige Christnacht geklungen und von diesem Tage an ist vieles anders geworden. Mein Vater war seiner Liebe zu mir und meiner Anhänglichkeit an ihn inne geworden und hat mir in Spiel, Arbeit und Erholung wohl viele Stunden sein liebes Angesicht, sein treues Wort geschenkt, ohne daß ich noch einmal nötig gehabt hätte, es mit List erschleichen zu müssen.

Einer Weihnacht Lust und Gefahr

In unserer Stube, an der mit grauem Lehm übertünchten Ofenmauer, stand jahraus jahrein ein Schemel aus Ahornholz. Er war immer glatt und rein gescheuert, denn er wurde, wie die anderen Stubengeräte, jeden Samstag mit feinem Bachsande und einem Strohwisch abgerieben. In der Zeit des Frühlings, des Sommers und des Herbstes stand dieser Schemel leer und einsam in seinem Winkel, nur zur Abendzeit zog ihn die Ahne etwas weiter hervor, kniete auf denselben hin und verrichtete ihr Abendgebet.

Als aber der Spätherbst kam mit den langen Abenden, an welchen die Knechte in der Stube aus Kienscheitern Leuchtspäne kloben, und die Mägde, sowie auch meine Mutter und Ahne Wolle und Flachs spannen, und als die Adventszeit kam, in welcher an solchen Span- und Spinnabenden alte Märchen erzählt und geistliche Lieder gesungen wurden, da saß ich beständig auf dem Schemel am Ofen.

Aber die langen Adventnächte waren bei uns immer sehr kurz. Bald nach zwei Uhr begann es im Hause unruhig zu werden. Oben auf dem Dachboden hörte man die Knechte, wie sie sich ankleideten und umhergingen, und in der Küche brachen die Mägde Späne ab und schürten am Herde. Dann gingen sie alle auf die Tenne zum Dreschen.

Auch die Mutter war aufgestanden und hatte in der Stube Licht gemacht; bald darauf erhob sich der Vater und sie zogen Kleider an, die nicht ganz für den Werktag und auch nicht ganz für den Feiertag waren. Dann sprach die Mutter zur Ahne, die im Bette lag, einige Worte, und wenn ich, erweckt durch die Unruhe, auch was sagte, so gab sie mir zur Antwort: „Sei du nur schön still und schlaf!" – Dann zündeten meine Eltern eine Laterne an, löschten das Licht in der Stube aus und gingen aus dem Hause. Ich hörte noch die äußere Türe gehen und ich sah an den Fenstern den Lichtschimmer vorüberflimmern und ich hörte das Ächzen der Tritte im Schnee und ich hörte noch das Rasseln des Kettenhundes. – Dann wurde es ruhig, nur war das dumpfe, gleichmäßige Pochen der Drescher zu vernehmen, dann schlief ich wieder ein.

Der Vater und die Mutter gingen in die mehrere Stunden entfernte Pfarrkirche zur Rorate. Ich träumte ihnen nach, ich hörte die Kirchenglocken, ich hörte den Ton der Orgel und das Adventlied: Maria, sei gegrüßet, du lichter Morgenstern! Und ich sah die Lichter am Hochaltare, und die Engelein, die über demselben standen, breiteten ihre goldenen Flügel aus und flogen in der Kirche umher, und einer, der mit der Posaune über dem Predigtstuhl stand, zog hinaus in die Heiden und in die Wälder und blies es durch die ganze Welt, daß die Ankunft des Heilandes nahe sei.

Als ich erwachte, strahlte die Sonne schon lange zu den Fenstern herein und draußen flimmerte der Schnee, und die Mutter ging wieder in der Stube umher und war in Werktagskleidern und tat häusliche Arbeiten. Das Bett der Ahne neben dem meinigen war auch schon geschichtet und die Ahne kam nun von der Küche herein und half mir die Höschen anziehen und wusch mein Gesicht mit kaltem Wasser, daß ich aus Empfindsamkeit zugleich weinte und lachte. Als dieses geschehen war, kniete ich auf meinen Schemel hin und betete mit der Ahne den Morgensegen:

In Gottes Namen aufstehen,
Gegen Gott gehen,
Gegen Gott treten,
Zum himmlischen Vater beten,
Daß er uns verleih'
Lieb' Engelein drei:
Der erste, der uns weist,
Der zweite, der uns speist,
Der dritte, der uns behüt' und bewahrt,
Daß uns an Leib und Seel' nichts widerfahrt.

Nach dieser Andacht erhielt ich meine Morgensuppe, und nach derselben kam die Ahne mit einem Kübel Rüben, die wir nun zusammen zu schälen hatten. Ich saß dabei auf meinem Schemel. Aber bei dem Schälen der Rüben konnte ich die Ahne nie vollkommen befriedigen; ich schnitt stets eine zu dicke Schale, ließ sie aber stellenweise doch wieder ganz auf der Rübe. Wenn ich mich dabei gar in den Finger schnitt und gleich zu weinen begann, so sagte die Ahne immer sehr unwirsch: „Mit dir ist wohl ein rechtes Kreuz, man soll dich frei hinauswerfen in den Schnee!" Dabei verband sie mir die Wunde mit unsäglicher Sorgfalt und Liebe.

So vergingen die Tage des Advents, und ich und die Ahne sprachen immer häufiger und häufiger von dem Weihnachtsfeste und von dem Christkinde, das nun bald kommen werde.

Je mehr wir dem Feste nahten, um so unruhiger wurde es im Hause. Die Knechte trieben das Vieh aus dem Stalle und gaben frische Streu hinein und stellten die Barren und Krippen zurecht; der Halterbub striegelte die Ochsen, daß sie ein glattes Aussehen bekamen; der Futterbub mischte mehr Heu in das Stroh als gewöhnlich und bereitete davon einen ganzen Stoß in der Futterkammer. Die Kuhmagd tat das gleiche. Das Dreschen hatte schon einige Tage früher aufgehört, weil man durch den Lärm die nahen Feiertage zu entheiligen glaubte.

Im ganzen Hause wurde gewaschen und gescheuert, selbst in die Stube kamen die Mägde mit ihren Wasserkübeln und Strohwischen und Besen hinein. Ich freute mich immer sehr auf dieses Waschen, weil ich es gern hatte, wie alles drunter und drüber gekehrt wurde, und weil die Heiligenbilder im Tischwinkel, die braune Schwarzwälderuhr mit ihrer Metallschelle und andere Dinge, die ich immer sonst nur von der Höhe zu sehen bekam, herabgenommen und mir näher gebracht wurden, so daß ich alles viel genauer betrachten konnte. Freilich war nicht erlaubt, dergleichen Dinge anzurühren, weil ich noch zu ungeschickt und unbesonnen dafür wäre und die Gegenstände leicht beschädigen könne. Aber es gab doch Augenblicke, da man im eifrigen Waschen und Reiben nicht auf mich achtete.

In einem solchen Augenblicke kletterte ich einmal über den Schemel auf die Bank und von der Bank auf den Tisch, der aus seiner gewöhnlichen Stellung gerückt war und auf dem die Schwarzwälderuhr lag. Ich machte mich an die Uhr, von der die Gewichte über den Tisch hingen, sah durch ein offenes Seitentürchen in das messingene, sehr bestaubte Räderwerk hinein, tupfte einigemal an die kleinen Blätter des Windrädchens und legte die Finger endlich selbst an das Rädchen, ob es denn nicht gehe; aber es ging nicht. Zuletzt rückte ich auch ein wenig an einem Holzstäbchen, und als ich das tat, begann es im Werk fürchterlich zu rasseln. Einige Räder gingen langsam, andere schneller und das Windrädchen flog, daß man es kaum sehen konnte. Ich war unbeschreiblich erschrocken, ich kollerte vom Tisch über Bank und Schemel auf den nassen, schmutzigen Boden hinab; da faßte mich schon die Mutter am Röcklein. Das Rasseln in der Uhr wollte gar nicht aufhören, und zuletzt nahm mich die Mutter mit beiden Händen und trug mich in das Vorhaus und schob mich durch die Tür hinaus in den Schnee und schlug die Türe hinter mir zu. Ich stand wie vernichtet da, ich hörte von innen noch das Greinen der Mutter, die ich sehr beleidigt haben mußte, und ich hörte das Scheuern und Lachen der Mägde, und noch immer das Rasseln der Uhr.

Als ich eine Weile dagestanden und geschluchzt hatte, und als gar niemand gekommen war, der Mitleid mit mir gehabt hätte, ging ich nach dem Pfade, der in den Schnee getreten war, über den Hausanger und über das Feld dem Walde zu. Ich wußte nicht, wohin ich wollte, dachte auch nicht weiter daran.

Aber ich war noch nicht zu dem Walde gekommen, als ich hinter mir ein grelles Pfeifen hörte. Das war das Pfeifen der Ahne.

„Wo willst du denn hin, du dummes Kind", rief sie, „wart',
wenn du so im Wald herumlaufen willst, so wird dich schon die
Mooswaberl abfangen, wart' nur!"

Auf dieses Wort kehrte ich augenblicklich um gegen das Haus,
denn die Mooswaberl fürchtete ich sehr.

Ich ging aber immer noch nicht hinein, ich blieb im Hofe stehen, wo der Vater und zwei Knechte gerade ein Schwein aus dem
Stalle zogen, um es abzustechen. Über das ohrenzerreißende
Schreien des Tieres und über das Blut, das ich nun sah, und das eine Magd in einen Topf auffing, vergaß ich das Vorgefallene, und
als der Vater im Vorhaus das Schwein abhäutete, stand ich schon
wieder dabei und hielt die Zipfel der Haut, die er mit einem großen Messer von dem speckigen Fleisch immer mehr und mehr
lostrennte. Als später die Eingeweide herausgenommen waren
und die Mutter Wasser in das große Becken goß, sagte sie zu mir:
„Geh' weg da, sonst wirst du ganz angespritzt!"

Aus diesen Worten entnahm ich, daß die Mutter mit mir wieder
versöhnt sei, und nun war alles gut, und als ich in die Stube kam,
um mich zu erwärmen, stand da alles an seinem gewöhnlichen
Platz. Boden und Wände waren noch feucht, aber rein gescheuert, und die Schwarzwälderuhr hing wieder an der Wand und
tickte. Und sie tickte viel lauter und heller durch die neu herge-
stellte Stube, als früher.

Endlich nahm das Waschen und Reiben und Glätten ein Ende,
im Hause wurde es ruhiger, fast still, und der heilige Abend war
da. Das Mittagsmahl am heiligen Abend wurde nicht in der Stube
eingenommen, sondern in der Küche, wo man das Nudelbrett als
Tisch eignete und sich um dasselbe herumsetzte und das einfache
Fastengericht still, aber mit gehobener Stimmung verzehrte.

Der Tisch in der Stube war mit einem schneeweißen Tuche be-
deckt, und vor dem Tische stand mein Schemel, auf welchen sich
zum Abend, als die Dämmerung einbrach, die Ahne hinkniete
und still betete.

Mägde gingen leise durch das Haus und bereiteten ihre Festtags-
kleider vor und die Mutter tat in einen großen Topf Fleischbrühe,
goß Wasser daran und stellte ihn zum Herdfeuer. Ich schlich in
der Stube auf den Zehenspitzen herum und hörte nichts, als das
lustige Prasseln des Feuers in der Küche. Ich blickte auf meine
Sonntagshöschen und auf das Jöppel und auf das schwarze Filz-
hütlein, das schon an einem Nagel der Wand hing, und dann
blickte ich durch das Fenster in die hereinbrechende Dunkelheit
hinaus. Wenn kein ungünstiges Wetter eintrat, so durfte ich in der
Nacht mit dem Großknecht in die Kirche gehen. Und das Wetter

war ruhig und es würde auch, wie der Vater sagte, nicht allzu kalt werden, weil auf den Bergen Nebel liege.

Unmittelbar vor dem „Rauchengehen", in welchem Haus und Hof nach alter Sitte mit Weihwasser und Weihrauch gesegnet wird, hatten der Vater und die Mutter einen kleinen Streit. Die Mooswaberl war dagewesen, hatte glückselige Feiertage gewünscht und die Mutter hatte ihr für den Festtag ein Stück Fleisch geschenkt. Darüber war der Vater etwas ungehalten; er war sonst ein Freund der Armen und gab ihnen nicht selten mehr, als unsere Verhältnisse es erlauben wollten, aber der Mooswaberl sollte man seiner Meinung nach kein Almosen reichen. Die Mooswaberl war ein Weib, das gar nicht in die Gegend gehörte, das unbefugt in den Wäldern umherstrich, Moos und Wurzeln sammelte, in halbverfallenen Köhlerhütten Feuer machte und schlief. Daneben zog sie bettelnd zu den Bauernhöfen, wollte Moos verkaufen, und da sie keine Geschäfte machte, verfluchte sie das Leben. Kinder, die sie ansah, fürchteten sich entsetzlich vor ihr und viele wurden krank; Kühen tat sie an, daß sie rote Milch gaben.

Wer ihr eine Wohltat erwies, den verfolgte sie einige Minuten und sagte ihm: „Tausend und tausend vergelt's Gott bis in den Himmel hinauf."

Wer sie aber verspottete oder sonst auf irgendeine Art beleidigte, zu dem sagte sie: „Ich bete dich hinab in die unterste Höllen!"

Die Mooswaberl kam oft zu unserem Hause und saß gerne vor demselben auf dem grünen Rasen oder auf dem Querbrett der Zaunstiegel, trotz des heftigen Bellens und Rasselns unseres Kettenhundes, der sich gegen dieses Weib besonders unbändig zeigte. Aber die Mooswaberl saß so lange vor dem Hause, bis die Mutter ihr eine Schale Milch, oder ein Stück Brot, oder beides hinaustrug. Meine Mutter hatte es gern, wenn das Weib sie durch ein tausendfaches Vergeltsgott bis in den Himmel hinauf wünschte. Der Vater legte dem Wunsch dieser Person keinen Wert bei, war er ein Segensspruch oder ein Fluch.

Als man draußen in einem Dorfe vor Jahren das Schulhaus baute, war dieses Weib mit dem Manne in die Gegend gekommen und hatte bei dem Baue mitgeholfen, bis er bei einer Steinsprengung getötet wurde. Seit dieser Zeit arbeitete sie nicht mehr und zog auch nicht fort, sondern trieb sich herum, ohne daß man wußte, was sie tat und was sie wollte. Zum Arbeiten war sie nicht mehr zu bringen; sie schien geisteskrank zu sein.

Der Richter hatte die Mooswaberl schon mehrmals aus der Gemeinde gewiesen, aber sie war immer wieder zurückgekommen. „Sie würde nicht immer zurückgekommen sein", sagte mein Vater, „wenn sie in dieser Gegend nichts gebettelt bekäme. So wird sie hier verbleiben und wenn sie alt und krank ist, müssen wir sie auch pflegen; das ist ein Kreuz, welches wir uns selbst an den Hals gebunden haben."

Die Mutter sagte nichts zu solchen Worten, sondern gab der Mooswaberl, wenn sie kam, immer das gewohnte Almosen, und heute noch etwas mehr, zu Ehren des hohen Festes.

Darum also war der kleine Streit zwischen Vater und Mutter gewesen, der aber alsogleich verstummte, als zwei Knechte mit dem Rauch- und Weihwassergefäß in das Haus kamen.

Nach dem Rauchen stellte der Vater ein Kerzenlicht auf den Tisch, Späne durften heute nur in der Küche gebrannt werden. Das Nachtmahl wurde schon wieder in der Stube eingenommen. Der Großknecht erzählte während desselben Weihnachtsgeschichten.

Nach dem Abendmahl sang die Mutter ein Hirtenlied. So wonnevoll ich sonst diesen Liedern lauschte, aber heute dachte ich nur immer an den Kirchgang und wollte durchaus schon das Sonntagskleidchen anziehen. Man sagte, es sei noch später Zeit dazu, aber endlich gab die Ahne meinem Drängen doch nach und zog mich an. Der Stallknecht kleidete sich sehr sorgsam in seinen Festtagsstaat, weil er nach dem Mitternachtsgottesdienst nicht nach Hause gehen, sondern im Dorfe den Morgen abwarten wollte. Gegen neun Uhr waren auch die anderen Knechte und Mägde bereit und zündeten am Kerzenlicht eine Spanlunte an. Ich hielt mich an den Großknecht, und meine Eltern und meine Großmutter, welche daheim blieben, um das Haus zu hüten, besprengten mich mit Weihwasser und sagten, daß ich nicht fallen und nicht erfrieren möge.

Dann gingen wir.

Es war sehr finster und die Lunte, welche der Stallknecht vorantrug, warf ihr rotes Licht in einer großen Scheibe auf den Schnee und auf den Zaun und auf die Sträucher und Bäume, an denen wir vorüberkamen. Mir kam dieses rote Leuchten, das zudem noch durch die großen Schatten unserer Körper unterbrochen war, grauenhaft vor und ich hielt mich sehr ängstlich an den Großknecht, so daß dieser einmal sagte: „Aber hörst, meine Joppe mußt du mir lassen, was tät' ich denn, wenn du mir die abrissest?"

Der Pfad war eine Zeitlang sehr schmal, so daß wir hintereinander gehen mußten, wobei ich nur froh war, daß ich nicht der letzte war, denn ich bildete mir ein, daß dieser unbekannten Gefahren ausgesetzt sein müsse.

Eine schneidende Luft ging und die glimmernden Splitter der Lunte flogen weithin, und selbst als sie auf die harte Schneekruste niederfielen, glimmten sie noch eine Weile fort.

Wir waren bisher über Blößen und durch Gesträuche und Wälder abwärts gegangen; jetzt kamen wir zu einem Bache, den ich sehr gut kannte, er floß durch die Wiese, auf welcher wir im Sommer das Heu machten. Im Sommer rauschte dieser Bach schön, aber heute hörte man nichts, weil er überfroren war. Auch an einer Mühle kamen wir vorüber, an welcher ich heftig erschrak, weil einige Funken auf das Dach flogen; aber auf dem Dache lag Schnee und die Funken erloschen. Endlich verließen wir den Bach, und der Weg führte aufwärts durch Wald, in welchem der Schnee seicht lag, aber auch keine feste Kruste hatte.

Dann kamen wir zu einer breiten Straße, wo wir nebeneinander gehen konnten und wo wir dann und wann ein Schlittengeschelle hörten. Dem Stallknecht war die Lunte bereits bis zu der Hand herabgebrannt und er zündete eine neue an, die er vorrätig hatte. Auf der Straße sah man jetzt auch andere Lichter, große rote Fackeln, die heranloderten, als schwämmen sie allein in der schwarzen Luft, und hinter denen nach und nach ein Gesicht und mehrere Gesichter auftauchten, von Kirchengehern, die sich nun auch zu uns gesellten. Und wir sahen Lichter von anderen Bergen und Höhen, die noch so weit entfernt waren, daß wir nicht erkennen konnten, ob sie standen oder sich bewegten.

So gingen wir weiter. Der Schnee knirschte unter unseren Füßen, und wo ihn der Wind weggetragen hatte, da war der schwarze nackte Boden so hart, daß unsere Schuhe an ihm klangen. Die Leute sprachen und lachten viel, aber mir war, als sei das in der heiligen Christnacht nicht recht; ich dachte nur immer schon an die Kirche und wie das doch sein werde, wenn mitten in der Nacht Musik und ein Hochamt ist.

Als wir eine lange Weile auf der Straße fortgegangen und an einzelnen Bäumen und an Häusern vorüber, und dann wieder über Felder und durch Wald gekommen waren, hörte ich auf den Baumwipfeln plötzlich ein Klingen. Als ich horchen wollte, hörte ich es nicht, bald aber wieder und deutlicher als das erstemal. Es war der Ton des kleinen Glöckleins vom Turme der Kirche. Die Lichter, die wir auf den Bergen und im Tale sahen, wurden immer häufiger und alle schwammen der Kirche zu. Auch die ruhigen Sterne der Laternen schwebten heran und auf der Straße wurde es immer lebhafter. Das kleine Glöcklein wurde durch ein größeres abgelöst und das läutete so lange, bis wir fast nahe der Kirche kamen. – Also war es doch wahr, wie die Ahne gesagt hatte: Um

Mitternacht fangen die Glocken zu läuten an und läuten so lange, bis aus fernen Tälern der letzte Bewohner der Hütten zur Kirche kommt.

Die Kirche steht auf einem mit Birken und Schwarztannen bewachsenen Berglein, und um sie liegt der kleine Friedhof, welcher mit einer niederen Mauer umgeben ist. Die wenigen Häuser stehen im Tale.

Als die Leute an die Kirche gekommen waren, steckten sie ihre Lunten umgekehrt in den Schnee, daß sie erloschen, nur eine wurde zwischen zwei Steine der Friedhofmauer geklemmt und brennen gelassen.

Jetzt klang auf dem Turme in langsamem, gleichmäßigem Wiegen schon die große Glocke. Aus den schmalen, hohen Kirchenfenstern fiel heller Schein. Ich wollte in die Kirche, aber der Großknecht sagte, es habe noch Zeit, und er blieb stehen und sprach und lachte mit anderen Burschen und stopfte sich eine Pfeife an.

Endlich klangen alle Glocken zusammen, in der Kirche begann die Orgel zu tönen und nun gingen wir hinein.

Das sah ganz anders aus wie an den Sonntagen. Die Lichter, die auf dem Altare brannten, waren hellweiße, funkelnde Sterne, und der vergoldete Tabernakel strahlte herrlich zurück. Die Lampe des ewigen Lichtes war rot. Der obere Raum der Kirche war so dunkel, daß man die schönen Verzierungen des Schiffes kaum sehen konnte. Die dunkeln Gestalten der Menschen saßen in den Stühlen oder standen neben denselben; die Weiber waren sehr in Tücher eingeschlagen und husteten. Viele hatten Kerzen vor sich brennen und sangen aus ihren Büchern mit, als auf dem Chore das Tedeum ertönte. Der Großknecht führte mich durch die zwei Reihen der Stühle gegen einen Nebenaltar, wo schon mehrere Leute standen. Dort hob er mich auf einen Schemel zu einem Glaskasten empor, der, von drei Kerzen beleuchtet, zwischen zwei aufgesteckten Tannenwipfeln stand und den ich früher, wenn ich mit den Eltern in die Kirche kam, nie gesehen hatte. Als mich der Großknecht auf den Schemel gehoben hatte, sagte er mir leise ins Ohr: „So, jetzt kannst das Krippel anschauen." Dann ließ er mich stehen und ich schaute durch das Glas. Da kam ein Weiblein zu mir herbei und sagte leise: „Ja, Kind, wenn du das anschauen willst, so muß dir's auch jemand auslegen." Und sie erklärte mir die Dinge, die im Kasten waren.

Außer der Mutter Maria, die über den Kopf ein blaues Tuch geschlagen hatte, das bis zu den Füßen hinabhing, waren alle Gestalten so gekleidet wie ältere Bauern. Der heilige Joseph selbst trug grüne Strümpfe und eine lederne Kniehose. Und in der Krippe lag das nackte Kindlein.

Als das Tedeum zu Ende war, kam der Großknecht wieder, hob mich von dem Schemel und wir setzten uns in einen Stuhl. Dann ging der Kirchenmann herum und zündete alle Kerzen an, die in der Kirche waren, und jeder Mensch, auch der Großknecht, zog nun ein Kerzlein aus dem Sack und zündete es an und klebte es vor sich auf die Bank. Jetzt war es so hell in der Kirche, daß man auch die Verzierungen an der Decke schön sehen konnte.

Auf dem Chore stimmte man Geigen und Trompeten und Pauken, und als an der Sakristeitür das Glöcklein klang und der Pfarrer in strahlendem Meßkleide, begleitet von Ministranten und rotbemäntelten Windlichtträgern, über den purpurnen Fußteppich zum Altare ging, da rauschte die Orgel in ihrem ganzen Vollklang, da wirbelten die Pauken und schmetterten die Trompeten.

Weihrauch stieg auf und hüllte den ganzen lichtstrahlenden Hochaltar in einen Schleier. — So begann das Hochamt und so strahlte und tönte und klang es um Mitternacht. Beim Offertorium waren alle Instrumente still, nur zwei helle Stimmen sangen ein liebliches Hirtenlied und während des Benediktus jodelten eine Klarinette und zwei Flügelhörner langsam und leise den Wiegengesang. Während des letzten Evangeliums hörte man auf dem Chore den Kuckuck und die Nachtigall, wie mitten im sonnigen Frühling.

Tief nahm ich sie auf in meine Seele, die wunderbare Heiligkeit der Christnacht, aber ich jauchzte nicht vor Entzücken, ich blieb ernst, ruhig und fühlte die Weihe.

Und während die Musik tönte, dachte ich an Vater und Mutter und Großmutter daheim. Die knien jetzt um den Tisch bei dem einzigen Kerzenlichtlein und beten, oder sie schlafen und es ist finster in der Stube, und nur die Uhr geht, und es liegt tiefe Ruhe über den waldigen Bergen und die Christnacht ist ausgebreitet über die ganze Welt.

Als das Amt seinem Ende nahte, erloschen nach und nach die Kerzlein in den Stühlen, und der Kirchenmann ging wieder herum und dämpfte mit seinem langgestielten Blechkäppchen an den Wänden und Bildern und Altären, und es duftete das Wachs der ausgelöschten Lichter. Die am Hochaltare brannten noch, als auf dem Chore der letzte freudenreiche Festmarsch erscholl und sich die Leute aus der Kirche drängten.

Als wir in das Freie kamen, war es trotz des dichten Nebels, der sich von den Bergen niedergesenkt hatte, nicht mehr ganz so finster wie vor Mitternacht. Es mußte der Mond aufgegangen sein;

man zündete keine Fackeln mehr an. Es schlug ein Uhr, aber der Schulmeister läutete schon die Avemariaglocke zum Christmorgen. Ich warf noch einen Blick auf die Kirchenfenster; aller Festglanz war erloschen, ich sah nur mehr den matten Schimmer des ewigen Lichtes.

Als ich mich dann wieder an den Rock des Großknechtes halten wollte, war dieser nicht mehr da, einige fremde Leute waren um mich, die miteinander sprachen und sich sofort auf den Heimweg machten. Mein Begleiter mußte schon voraus sein; ich eilte ihm nach, lief schnell an mehreren Leuten vorüber, auf daß ich ihn bald einhole. Ich lief, so sehr es meine kleinen Füße konnten, ich kam durch den finsteren Wald und ich kam über Felder, über welche scharfer Wind blies, so daß ich, so warm mir sonst war, von Nase und Ohren fast nichts mehr wahrnahm. Die Leute, die früher noch auf der Straße gegangen waren, verloren sich nach und nach und ich war allein und den Großknecht hatte ich noch immer nicht erreicht. Ich dachte, daß er auch hinter mir sein könne, und beschloß, geradewegs nach Hause zu eilen. Auf der Straße lagen hier und da schwarze Punkte, Kohlen der Spanfackeln, welche die Leute auf dem Kirchwege abgeschüttelt. Die Gesträuche und Bäumchen, die neben am Wege standen und unheimlich aus dem Nebel emportauchten, beschloß ich gar nicht anzusehen, aber ich sah sie doch an, wendete meine Augen nach allen Seiten, ob nicht irgendwo ein Gespenst auf mich zukomme.

Nun war ich zum Pfad gekommen, der mich von der Straße abwärts durch den Wald und in das jenseitige Tal führen sollte. Ich bog ab und eilte unter den langästigen Bäumen dahin. Die Wipfel rauschten und dann und wann fiel ein Schneeklumpen neben mir nieder. Stellenweise war es auch so finster, daß ich kaum die Stämme sah, wenn ich nicht an dieselben stieß, und daß ich den Pfad verlor. Letzteres war mir ziemlich gleichgültig, denn der Schnee war sehr seicht, auch war anfangs der Boden hübsch glatt, aber allmählich begann er steil und steiler zu werden und unter dem Schnee war viel Gestrüppe und hohes Heidelkraut. Die Baumstämme standen nicht mehr so regelmäßig, sondern zerstreut, manche schief hängend, manche mit aufgerissenen Wurzeln an anderen lehnend, manche mit wild und wirr aufragenden Ästen auf dem Boden liegend. Das hatte ich nicht gesehen, als wir aufwärts gingen. Ich konnte oft kaum weiter, ich mußte mich durch das Gesträuche und Geäste durchwinden. Oft brach der Schnee ein, die Besen des Heidekrautes reichten mir bis zur Brust heran. Ich sah ein, daß der rechte Weg verloren war, aber wär' ich nur erst im Tale und bei dem Bache, dann ginge ich diesem entlang aufwärts und da müßte ich endlich doch zur Mühle und zu unserer Wiese kommen.

Schneeschollen fielen mir in das Rocksäcklein, Schnee legte sich an die Höschen und Strümpfe, und das Wasser rann mir in die Schuhe hinab. Zuerst war ich durch das Klettern über das Gefälle und das Winden durch das Gesträuche müde geworden, aber nun war auch die Müdigkeit verschwunden; ich achtete nicht den Schnee und ich achtete nicht das Gesträuche, das mir oft rauh über das Gesicht fuhr, sondern ich eilte weiter. Fiel ich zu Boden, so raffte ich mich schnell auf. Auch alle Gespensterfurcht war weg; ich dachte an nichts als an das Tal und an unser Haus. Ich wußte nicht, wie lange ich mich so durch die Wildnis fortwand, aber ich fühlte mich flink, die Angst trieb mich vorwärts.

Plötzlich stand ich vor einem Abgrund. In dem Abgrunde lag grauer Nebel, aus welchem einzelne Baumwipfel emportauchten. Um mich hatte sich der Wald gelichtet, über mir war es heiter und am Himmel stand der Halbmond. Mir gegenüber und weiter im Hintergrunde waren fremde, kegelförmige Berge.

Unten in der Tiefe mußte das Tal mit der Mühle sein; mir war, als hörte ich das Tosen des Baches, aber das war das Windrauschen in den jenseitigen Wäldern. Ich ging nach rechts und links und suchte einen Fußsteig, der mich abwärts führe, und ich fand eine Stelle, an welcher ich mich über Gerölle, das vom Schnee befreit dalag, und durch Wacholdergesträuche hinablassen zu können vermeinte. Das gelang mir auch eine Strecke, doch noch zu rechter Zeit hielt ich mich an eine Wurzel, fast wäre ich über eine senkrechte Wand gestürzt. Nun konnte ich nicht mehr vorwärts. Ich ließ mich aus Mattigkeit zu Boden. In der Tiefe lag der Nebel mit den schwarzen Baumwipfeln. Außer dem Rauschen des Windes in den Wäldern hörte ich nichts. Ich wußte nicht, wo ich war. — Wenn jetzt ein Reh käme, ich würde es fragen nach dem Weg, in der Christnacht reden ja Tiere menschliche Sprache!

Ich erhob mich, um wieder aufwärts zu klettern; ich machte das Gerölle locker und kam nicht vorwärts. Mich schmerzten Hände und Füße. Nun stand ich still und rief so laut ich konnte nach dem Großknecht. Meine Stimme fiel von den Wäldern und Wänden langgezogen und undeutlich zurück.

Dann hörte ich wieder nichts, als das Rauschen.

Der Frost schnitt mir in die Glieder.

Nochmals rief ich mit aller Macht den Namen des Großknechtes. Nichts, als der langgezogene Widerhall. Nun überkam mich eine große Angst. Ich rief schnell hintereinander meine Eltern, meine Ahne, alle Knechte und Mägde unseres Hauses. Dann begann ich kläglich zu weinen.

Mein Körper warf einen langen Schatten schräg abwärts über das Gestein. Ich ging an der Wand hin und her, ich betete zum heiligen Christkind, daß es mich erlöse.

Der Mond stand hoch am dunkeln Himmel.

Endlich konnte ich nicht mehr weinen und beten, auch mich kaum mehr bewegen, ich kauerte zitternd an einem Stein und dachte: Nun will ich schlafen, das ist alles nur ein Traum, und wenn ich erwache, bin ich daheim oder im Himmel.

Da hörte ich ein Knistern über mir im Wacholdergesträuche, und bald darauf fühlte ich, wie mich etwas berührte und emporhob. Ich wollte schreien, aber ich konnte nicht, die Stimme war wie eingefroren. Aus Angst hielt ich die Augen fest geschlossen. Auch Hände und Füße waren mir wie gelähmt, ich konnte sie nicht bewegen. Mir kam vor, als ob sich das ganze Gebirge mit mir wiegte. – –

Als ich zu mir kam und erwachte, war noch Nacht, aber ich hockte an der Tür meines Vaterhauses, und der Kettenhund bellte heftig. Eine Gestalt hatte mich auf den festgetretenen Schnee gleiten lassen, pochte dann mit dem Ellbogen gewaltig an die Tür und eilte davon. Ich hatte diese Gestalt erkannt – es war die Mooswaberl gewesen.

Die Tür ging auf und die Ahne stürzte mit den Worten auf mich zu: „Jesus Christus, da ist er ja!"

Sie trug mich in die warme Stube, aber von dieser schnell wieder zurück in das Vorhaus; dort setzte sie mich auf einen Trog, eilte dann hinaus vor die Tür und machte durchdringliche Pfiffe.

Sie war ganz allein zu Hause. Als der Großknecht von der Kirche zurückgekommen war und mich daheim nicht gefunden hatte, und als auch die anderen Leute kamen und ich bei keinem war, gingen sie alle hinab in den Wald und in das Tal, und jenseits hinauf zur Straße und nach allen Richtungen. Selbst die Mutter war mitgegangen und hatte überall, wo sie ging und stand, meinen Namen gerufen.

Nachdem die Ahne glaubte, daß es mir nicht mehr schädlich sein konnte, trug sie mich wieder in die warme Stube, und als sie mir die Schuhe und Strümpfe auszog, waren diese ganz zusammen- und fest an den Fuß gefroren. Hierauf eilte sie nochmals in das Freie und machte wieder ein paar Pfiffe, und brachte dann in einem Kübel Schnee herein und stellte mich mit bloßen Füßen in diesen Schnee. Als ich in dem Schnee stand, war in den Zehen ein so heftiger Schmerz, daß ich stöhnte, aber die Ahne sagte: „Das ist schon gut, wenn du Schmerz hast, dann sind die Füße nicht erfroren."

Bald darauf strahlte die Morgenröte durch das Fenster, und nun kamen nach und nach die Leute nach Hause, zuletzt aber der Vater, und zu allerletzt, als schon die rote Sonnenscheibe über der Wechselalpe aufging, und als die Ahne unzähligemal gepfiffen hatte, kam die Mutter. Sie ging an mein Bettlein, in welches ich gebracht worden war und an welchem der Vater saß. Sie war ganz heiser.

Sie sagte, daß ich nun schlafen solle, und verdeckte das Fenster mit einem Tuche, auf daß mir die Sonne nicht in das Gesicht scheine. Aber der Vater meinte, ich solle noch nicht schlafen, er wolle wissen, wie ich mich von dem Knechte entfernt, ohne daß er es merkte, und wo ich herumgelaufen sei. Ich erzählte, wie ich den Pfad verloren hatte, wie ich in die Wildnis kam, und als ich von dem Monde und von den schwarzen Wäldern und von dem Windrauschen und von dem Felsenabgrund erzählte, da sagte der Vater halblaut zu meiner Mutter: „Weib, sagen wir Gott Lob und Dank, daß er da ist, er ist auf der Trollwand gewesen!"

Nach diesen Worten gab mir die Mutter einen Kuß auf die Wange, wie sie nur selten tat, und dann hielt sie ihre Schürze vor das Gesicht und ging davon.

„Ja, du Donnersbub, und wie bist denn heimkommen?" fragte mich der Vater. Darauf meine Antwort, daß ich das nicht wisse, daß ich nach langem Schlafen und Wiegen auf einmal vor der Haustüre gewesen und daß die Mooswaberl neben mir gestanden sei. Der Vater fragte mich noch einmal über diesen Umstand, ich antwortete dasselbe.

Nun sagte der Vater, daß er in die Kirche zum Hochgottesdienst gehe, weil heute der Christtag sei, und daß ich schlafen solle.

Ich mußte darauf viele Stunden geschlafen haben, denn als ich erwachte, war draußen Dämmerung, und in der Stube war es fast finster. Neben meinem Bette saß die Ahne und nickte, von der Küche herein hörte ich das Prasseln des Herdfeuers.

Später, als die Leute beim Abendmahle saßen, war auch die Mooswaberl am Tisch.

Auf dem Kirchhofe, über dem Grabhügel ihres Mannes war sie während des Vormittagsgottesdienstes gekauert, da war nach dem Hochamte mein Vater zu ihr hingetreten und hatte sie mit in unser Haus genommen.

Über die nächtliche Begebenheit brachte man nicht mehr von ihr heraus, als daß sie im Walde das Christkind gesucht habe;

dann ging sie einmal zu meinem Bette und sah mich an, und ich fürchtete mich vor ihren Blicken.

. In dem hinteren Geschosse unseres Hauses war eine Kammer, in welcher nur altes, unbrauchbares Geräte und viel Spinnengewebe war.

Diese Kammer ließ mein Vater der Mooswaberl zur Wohnung, und stellte ihr einen Ofen und ein Bett und einen Tisch hinein.

Und sie blieb bei uns. Oft strich sie noch in den Wäldern umher und brachte Moos heim, dann ging sie wieder hinaus zur Kirche und saß auf dem Grabhügel ihres Mannes, von dem sie nicht mehr fortzuziehen vermochte in ihre ferne Gegend, in der sie wohl auch einsam und heimatlos gewesen wäre, wie überall. Über ihre Verhältnisse war nichts Näheres zu erfahren, wir vermuteten, daß das Weib einst glücklich gewesen sein müsse, und daß der Schmerz über den Verlust des Gatten ihr den Verstand geraubt habe.

Wir gewannen sie alle lieb, weil sie ruhig und mit allem zufrieden lebte und niemandem das geringste Leid zufügte. Nur der Kettenhund wollte sie immer noch nicht sichern, der bellte und zerrte überaus heftig an der Kette, so oft sie über den Anger ging. Aber das war anders von dem Tiere gemeint; als einmal die Kette riß, stürzte der Hund auf die Mooswaberl zu, sprang ihr winselnd an die Brust und leckte ihr die Wangen.

Als ich Christtagsfreude holen ging

In meinem zwölften Lebenjahre wird es gewesen sein, als am Frühmorgen des Christabends mein Vater mich an der Schulter rüttelte: ich solle aufwachen und zur Besinnung kommen, er habe mir was zu sagen. Die Augen waren bald offen, aber die Besinnung! Als ich unter Mithilfe der Mutter angezogen war und bei der Frühsuppe saß, verlor sich die Schlaftrunkenheit allmählich, und nun sprach mein Vater: „Peter, jetzt höre, was ich dir sage. Da nimm einen leeren Sack, denn du wirst was heimtragen. Da nimm meinen Stecken, denn es ist viel Schnee, und da nimm eine Laterne, denn der Pfad ist schlecht und die Stege sind vereist. Du mußt hinabgehen nach Langenwang. Den Holzhändler Spreitzegger zu Langenwang, den kennst du, der ist mir noch immer das Geld schuldig, zwei Gulden und sechsunddreißig Kreuzer für den Lärchbaum. Ich laß ihn bitten drum; schön höflich anklopfen und den Hut abnehmen, wenn du in sein Zimmer trittst. Mit dem Geld gehest nachher zum Kaufmann Doppelreiter und kaufest zwei Maßel Semmelmehl und zwei Pfund Rindschmalz, und um zwei Groschen Salz, und das tragst heim."

Jetzt war aber auch meine Mutter zugegen, ebenfalls schon angekleidet, während meine sechs jüngeren Geschwister noch ringsum an der Wand in ihren Bettchen schliefen. Die Mutter, die redete drein wie folgt: „Mit Mehl und Schmalz und Salz allein kann ich kein Christtagsessen richten. Ich brauch dazu noch Germ (Bierhefe) um einen Groschen, Weinbeerln um fünf Kreuzer, Zucker um fünf Groschen, Safran um zwei Groschen und Neugewürz um zwei Kreuzer. Etliche Semmeln werden auch müssen sein."

„So kaufest es", setzte der Vater ruhig bei. „Und wenn dir das Geld zu wenig wird, so bittest den Herrn Doppelreiter, er möcht' die Sachen derweil borgen und zu Ostern, wenn die Kohlenraitung ist, wollt' ich schon fleißig zahlen. Eine Semmel kannst unterwegs selber essen, weil du vor Abend nicht heimkommst. Und jetzt kannst gehen, es wird schon fünf Uhr, und daß du noch die Achte-Messe erlangst zu Langenwang."

Das war alles gut und recht. Den Sack band mein Vater mir um die Mitte, den Stecken nahm ich in die rechte Hand, die Laterne mit der frischen Unschlittkerze in die linke, und so ging ich davon, wie ich zu jener Zeit in Wintertagen oft davongegangen war. Der durch wenige Fußgeher ausgetretene Pfad war holperig im tiefen Schnee, und es ist nicht immer leicht, nach den Fußstapfen unserer Vorderen zu wandeln, wenn diese zu lange Beine gehabt haben. Noch nicht dreihundert Schritte war ich gegangen, so lag ich im Schnee, und die Laterne, hingeschleudert, war ausgelöscht. Ich suchte mich langsam zusammen und dann schaute ich die wunderschöne Nacht an. Anfangs war sie ganz grausam finster, allmählich hub der Schnee an, weiß zu werden und die Bäume schwarz und in der Höhe war helles Sternengefunkel. In den Schnee fallen kann man auch ohne Laterne, so stellte ich sie seithin unter einen Strauch und ohne Licht ging's nun besser, als vorhin.

In die Talschlucht kam ich hinab, das Wasser des Fresenbachs war eingedeckt mit glattem Eise, auf welchem, als ich über den Steg ging, die Sterne des Himmels gleichsam Schlittschuh liefen. Später war ein Berg zu übersteigen; auf dem Passe, genannt der „Höllkogel", stieß ich zur wegsamen Bezirksstraße, die durch Wald und Wald hinabführt in das Mürztal. In diesem lag ein weites Meer von Nebel, in welches ich sachte hineinkam, und die feuchte Luft fing an, einen Geruch zu haben, sie roch nach Steinkohlen; und die Luft fing an, fernen Lärm an mein Ohr zu tragen, denn im Tale hämmerten die Eisenwerke, rollte manchmal ein Eisenbahnzug über dröhnende Brücken.

Nach langer Wanderung ins Tal gekommen zur Landstraße, klingelte Schlittengeschelle, der Nebel ward grau und lichter, so daß ich die Fuhrwerke und Wandersleute, die für die Feiertage nach ihren Heimstätten reisten, schon auf kleine Strecken weit sehen konnte. Nachdem ich eine Stunde lang im Tale fortgegangen war, tauchte links an der Straße im Nebel ein dunkler Fleck auf, rechts auch einer, links mehrere, rechts eine ganze Reihe – das Dorf Langenwang.

Alles, was Zeit hatte, ging der Kirche zu, denn der Heilige Abend ist voller Vorahnung und Gottesweihe. Bevor noch die Messe anfing, schritt der hagere gebückte Schulmeister durch die Kirche, musterte die Andächtigen, als ob er jemanden suche. Endlich trat er an mich und fragte leise, ob ich ihm nicht die Orgel melken wolle, es sei der Meßnerbub krank. Voll Stolz und Freude, also zum Dienste des Herrn gewürdigt zu sein, ging ich mit ihm auf den Chor, um bei der heiligen Messe den Blasebalg der Orgel zu ziehen. Während ich die zwei langen Lederriemen abwechselnd aus dem Kasten zog, in welchen jeder derselben allemal wieder langsam hineinkroch, orgelte der Schulmeister, und seine Tochter sang also:

„Tauet, Himmel, den Gerechten,
Wolken, regnet ihn herab!
Also rief in bangen Nächten
Einst die Welt, ein weites Grab.
In von Gott verhaßten Gründen
Herrschten Satan, Tod und Sünden,
Fest verschlossen war das Tor
Zu dem Himmelreich empor."

Ferner erinnere ich mich, an jenem Morgen nach dem Gottesdienste in der dämmerigen Kirche vor ein Heiligenbild hingekniet
zu sein und gebetet zu haben um Glück und Segen zur Erfüllung
meiner bevorstehenden Aufgabe. Das Bild stellte die vierzehn
Nothelfer dar — einer wird doch dabei sein, der zur Eintreibung
von Schulden behilflich ist. Es schien mir aber, als schiebe während meines Gebetes auf dem Bilde einer sich sachte hinter den
andern zurück.

Trotzdem ging ich guten Mutes hinaus in den nebeligen Tag,
wo alles emsig war in der Vorbereitung zum Feste, und ging dem
Hause des Holzhändlers Spreitzegger zu. Als ich daran war, zur
vorderen Tür hineinzugehen, wollte der alte Spreitzegger, soviel
ich mir später reimte, durch die hintere Tür entwischen. Es wäre
ihm gelungen, wenn mir nicht im Augenblicke geschwant hätte:
Peter, geh' nicht zur vorderen Tür ins Haus wie ein Herr, sei demütig, geh zur hinteren Tür hinein, wie es dem Waldbauernbu-
ben geziemt. Und knapp an der hinteren Türe trafen wir uns.

„Ah, Bübel, du willst dich wärmen gehen", sagte er mit ge-
schmeidiger Stimme, und deutete ins Haus, „na geh' dich nur
wärmen. Ist kalt heut'!" Und wollte davon.

„Mir ist nicht kalt", antwortete ich, „aber mein Vater laßt den
Spreitzegger schön grüßen und bitten ums Geld."

„Ums Geld? Wieso?" fragte er, „ja richtig, du bist der Wald-
bauernbub. Bist früh aufgestanden, heut', wenn du schon den
weiten Weg kommst. Rast nur ab. Und ich laß deinen Vater auch
schön grüßen und glückliche Feiertage wünschen; ich komm' ohnehin ehzeit einmal zu euch hinauf, nacher wollen wir schon
gleich werden."

Fast verschlug's mir die Rede, stand doch unser ganzes Weih-
nachtsmahl in Gefahr vor solchem Bescheid.

„Bitt wohl von Herzen schön ums Geld, muß Mehl kaufen und
Schmalz und Salz und ich darf nicht heimkommen mit leerem
Sack."

Er schaute mich starr an. „Du kannst es!" brummte er, zerrte mit zäher Gebärde seine große, rote Brieftasche hervor, zupfte in den Papieren, die wahrscheinlich nicht pure Banknoten waren, zog einen Gulden heraus und sagte: „Na, so nimm derweil das, in vierzehn Tagen wird dein Vater den Rest schon kriegen. Heut' hab' ich nicht mehr."

Den Gulden schob er mir in die Hand, ging davon und ließ mich stehen.

Ich blieb aber nicht stehen, sondern ging zum Kaufmann Doppelreiter. Dort begehrte ich ruhig und gemessen, als ob nichts wäre, zwei Maßel Semmelmehl, zwei Pfund Rindschmalz, um zwei Groschen Salz, um einen Groschen Germ, um fünf Kreuzer Weinbeerln, um fünf Groschen Zucker, um zwei Groschen Safran und um zwei Kreuzer Neugewürz. Der Herr Doppelreiter bediente mich selbst und machte mir alles hübsch zurecht in Päckchen und Tütchen, die er dann mit Spagat zusammen in ein einziges Paket band und an den Mehlsack so hing, daß ich das Ding über der Achsel tragen konnte, vorne ein Bündel und hinten ein Bündel.

Als das geschehen war, fragte ich mit einer nicht minder tückischen Ruhe als vorhin, was das alles zusammen ausmache?

„Das macht drei Gulden fünfzehn Kreuzer", antwortete er mit Kreide und Mund.

„Ja, ist schon recht", hierauf ich, „da ist derweil ein Gulden, und das andere wird mein Vater, der Waldbauer in Alpel, zu Ostern zahlen."

Schaute mich der bedauernswerte Mann an und fragte höchst ungleich: „Zu Ostern? In welchem Jahr?"

„Na nächst' Ostern, wenn die Kohlenraitung ist."

Nun mischte sich die Frau Doppelreiterin, die andere Kunden bediente, drein und sagte: „Laß ihm's nur, Mann, der Waldbauer hat schon öfter auf Borg genommen und nachher allemal ordentlich bezahlt. Laß ihm's nur."

„Ich laß ihm's ja, werd' ihm's nicht wieder wegnehmen", antwortete der Doppelreiter. Das war doch ein bequemer Kaufmann! Jetzt fielen mir auch die Semmeln ein, welche meine Mutter noch bestellt hatte.

„Kann man da nicht auch fünf Semmeln haben?" fragte ich.

„Semmeln kriegt man beim Bäcker", sagte der Kaufmann.

Das wußte ich nun gleichwohl, nur hatte ich mein Lebtag nichts davon gehört, daß man ein paar Semmeln auf Borg nimmt, daher vertraute ich der Kaufmännin, die sofort als Gönnerin zu betrachten war, meine vollständige Zahlungsunfähigkeit an. Sie gab mir zwei bare Groschen für Semmeln und als sie nun noch beobachtete, wie meine Augen mit den reiffeuchten Wimpern fast unablösbar an den gedörrten Zwetschgen hingen, die sie einer alten Frau in den Korb tat, reichte sie mir auch noch eine Handvoll dieser köstlichen Sache zu: „Unterwegs zum Naschen."

Nicht lange hernach, und ich trabte mit meinen Gütern reich und schwer bepackt durch die breite Dorfgasse dahin. Überall in den Häusern wurde gemetzgert, gebacken, gebraten, gekellert; ich beneidete die Leute nicht; ich bedauerte sie vielmehr, daß sie nicht ich waren, der mit so großem Segen beladen gen Alpel zog. Das wird morgen ein Christtag werden! Denn die Mutter kann's, wenn sie die Sachen hat. Ein Schwein ist ja auch geschlachtet worden daheim, das gibt Fleischbrühe mit Semmelbrocken, Speckfleck, Würste, Nierenlümperln, Knödelfleisch mit Kren, dann erst die Krapfen, die Zuckernudeln, das Schmalzkoch mit Weinbeerln und Safran! — Die Herrenleut' da in Langenwang haben so was alle Tag, das ist nichts, aber wir haben es im Jahre einmal und kommen mit unverdorbenem Magen dazu, *das* ist was! — Und doch dachte ich auf diesem belasteten Freudenmarsch weniger noch ans Essen, als an das liebe Christkind und sein hochheiliges Fest. Am Abende, wenn ich nach Hause komme, werde ich aus der Bibel davon vorlesen, die Mutter und die Magd Mirzel werden Weihnachtslieder singen; dann, wenn es zehn Uhr wird, werden wir uns aufmachen nach Sankt Kathrein, und in der Kirche die feierliche Christmette begehen bei Glocken, Musik und unzähligen Lichtern. Und am Seitenaltar ist das Krippel aufgerichtet mit Ochs und Esel und den Hirten, und auf dem Berg die Stadt Bethlehem und darüber die Engel, singend: Ehre sei Gott in der Höhe! Und beim Heimgehen werde ich mich nicht wieder verirren, wie dazumal, als mich die Mooswaberl hat müssen heimbringen. — Solche Gedanken trugen mich anfangs wie Flügeln. Doch als ich eine Weile die schlittenglatte Landstraße dahingegangen war, unter den Füßen knirschenden Schnee, mußte ich mein Doppelbündel schon einmal wechseln von einer Achsel auf die andere.

In der Nähe des Wirtshauses „Zum Sprengzaun" fuhr mir etwas Vierspänniges vor. Ein leichtes Schlittlein mit vier feurigen, hochaufgefederten Rappen bespannt, auf dem Bock ein Kutscher mit glänzenden Knöpfen und einem Buttenhut. Der Kaiser? Nein, der Herr Wachtler vom Schlosse Hohenwang saß im Schlitten, über und über in Pelze gehüllt und eine Zigarre schmauchend. Ich blieb stehen, schaute dem bitzschnell vorüberrutschenden Zeug eine Weile nach und dachte: Etwas krumm ist es doch eingerichtet auf dieser Welt. Da sitzt ein starker Mann drin und läßt sich hinziehen mit soviel überschüssiger Kraft, und ich vermag mein Bündel kaum zu schleppen.

Mittlerweile war es Mittagszeit geworden. Durch den Nebel war die milchweiße Scheibe der Sonne zu sehen; sie war nicht hoch an dem Himmel hinaufgestiegen, denn um vier Uhr wollte sie ja wieder unten sein, zur langen Christnacht. Ich fühlte in den Beinen manchmal so ein heißes Prickeln, das bis in die Brust heraufstieg, es zitterten mir die Glieder. Nicht weit von der Stelle, wo der Weg nach Alpel abzweigt, stand ein Kreuz mit dem lebensgroßen Bilde des Heilands. Es stand wie es heute noch steht, an seinem Fuß Johannes und Magdalena, das ganze mit einem Bretterverschlag verwahrt, so daß es wie eine Kapelle war. Vor dem Kreuze auf die Bank, die für kniende Beter bestimmt ist, setzte ich mich nieder, um Mittag zu halten. Eine Semmel, die gehörte mir, meine Neigung zu ihr war so groß, daß ich sie am liebsten in wenigen Bissen verschluckt hätte. Allein das schnelle Schlucken ist nicht gesund, das wußte ich von anderen Leuten, und das langsame Essen macht einen längeren Genuß, das wußte ich schon von mir selber. Also beschloß ich, die Semmel recht gemächlich und bedächtig zu genießen und dazwischen manchmal eine gedörrte Zwetschge zu naschen.

Es war eine sehr köstliche Mahlzeit. Wenn ich heute etwas recht Gutes haben will, was kostet das für außerordentliche Anstrengungen aller Art! Ach, wenn man nie einen Mangel zu leiden hat, wie wird man da arm!

Und wie war ich so reich damals, als ich arm war!

Als ich nach der Mahlzeit mein Doppelbündel wieder auflud, war's ein Spaß mit ihm, flink ging es voran. Nur nicht allzulange. Als ich später in die Bergwälder hinaufkam, und der graue Nebel dicht in den schneebeschwerten Bäumen hing, dachte ich an den Grabler Hansel. Das war ein Kohlenführer, der täglich von Alpel seine Fuhr ins Mürztal lieferte. Wenn er auch heute gefahren wäre! Und wenn er jetzt heimwärts mit dem leeren Schlitten des Weges käme und mir das Bündel auflüde! Und am Ende gar mich selber! Daß es so heiß sein kann im Winter! Mitten in Schnee und Eisschollen schwitzen! Doch morgen wird alle Mühsal vergessen sein. – Derlei Gedanken und Vorstellungen verkürzten mir unterwegs die Zeit.

Auf einmal roch ich starken Tabakrauch. Knapp hinter mir ging – ganz leise auftretend – der grüne Kilian. Der Kilian war früher einige Zeitlang Forstgehilfe in den gewerkschaftlichen Waldungen gewesen, jetzt war er's nicht mehr, wohnte mit seiner Familie in einer Hütte drüben in der Fischbacher Gegend, man wußte nicht recht, was er trieb. Nun ging er nach Hause. Er hatte einen Korb auf dem Rücken, an dem er nicht schwer zu tragen schien, sein Gewand war noch ein jägermäßiges, aber hübsch abgetragen, und sein schwarzer Vollbart ließ nicht viel sehen von seinem etwas fahlen Gesichte. Als ich ihn bemerkt hatte, nahm er die Pfeife aus dem Mund, lachte laut und sagte: „Wo schiebst denn hin, Bub?"

„Heim zu", meine Antwort.

„Was schleppest denn?"

„Sachen für den Christtag."

„Gute Sachen? Der Tausend sapperment. Wem gehörst denn zu?"

„Dem Waldbauer."

„Zum Waldbauer willst gar hinauf! Da mußt gut antauchen."

„Tu's schon", sagte ich und tauchte an.

„Nach einem solchen Marsch wirst gut schlafen bei der Nacht", sprach der Kilian, mit mir gleichen Schritt haltend.

„Heut' wird nicht geschlafen bei der Nacht, heut' ist Christnacht."

„Was willst denn sonst tun, als schlafen bei der Nacht?"

„Nach Kathrein in die Mette gehen."

„Nach Kathrein?" fragte er, „den weiten Weg?"

„Um zehn Uhr abends gehen wir von Haus fort und um drei Uhr früh sind wir wieder daheim."

Der Kilian biß in sein Pfeifenrohr und sagte: „Na hörst du, da gehört viel Christentum dazu. Beim Tag ins Mürztal und bei der Nacht in die Mette nach Kathrein! Soviel Christentum hab' ich nicht, aber das sage ich dir doch: wenn du dein Bündel in meinen Buckelkorb tun willst, daß ich es dir eine Zeitlang trag' und du dich ausrasten kannst, so hast ganz recht, warum soll der alte Esel nicht auch einmal tragen!"

Damit war ich einverstanden, und während mein Bündel in seinen Korb sank, dachte ich: Der grüne Kilian ist halt doch ein besserer Mensch, als man sagt.

Dann rückten wir wieder an, ich huschte frei und leicht neben ihm her.

„Ja, ja, die Weihnachten!" sagte der Kilian pfauchend, „da geht's halt drunter und drüber. Da reden sich die Leut' in eine Aufregung und Frömmigkeit hinein, die gar nicht wahr ist. Im Grund ist der Christtag wie jeder andere Tag, nicht einen Knopf anders. Der Reiche, ja, der hat jeden Tag Christtag, unsereiner hat jeden Tag Karfreitag."

„Der Karfreitag ist auch schön", war meine Meinung.

„Ja, wer genug Fische und Butter und Eier und Kuchen und Krapfen hat zum Fasten!" lachte der Kilian.

Mir kam sein Reden etwas heidentümlich vor. Doch was er noch weiteres sagte, das verstand ich nicht mehr, denn er hatte angefangen, sehr heftig zu gehen und ich konnte nicht recht nachkommen. Ich rutschte auf dem glitschigen Schnee mit jedem Schritt ein Stückchen zurück, der Kilian hatte Fußeisen angeschnallt, hatte lange Beine, war nicht abgemattet — da ging's freilich voran.

„Herr Kilian!" rief ich.

Er hörte es nicht. Der Abstand zwischen uns wurde immer größer, bei Wegbiegungen entschwand er mir manchmal ganz aus den Augen, um nachher wieder in größerer Entfernung, halb schon von Nebeldämmerung verhüllt, aufzutauchen. Jetzt wurde mir bang um mein Bündel. Kamen wir ja doch schon dem Höllkogel nahe. Das ist jene Stelle, wo der Weg nach Alpel und der Weg nach Fischbach sich gabeln. Ich hub an zu laufen; im Angesichte der Gefahr war alle Müdigkeit dahin, ich lief wie ein Hündlein und kam ihm näher. Was wollte ich aber anfangen, wenn ich ihn eingeholt hätte, wenn ihm der Wille fehlte, die Sachen herzugeben, und mir die Kraft, sie zu nehmen? Das kann ein schönes Ende werden mit diesem Tage, denn die Sachen lasse ich nicht im Stich, und sollte ich ihm nachlaufen müssen bis hinter den Fischbacher Wald zu seiner Hütte!

Als wir denn beide so merkwürdig schnell vorwärts kamen, holten wir ein Schlittengespann ein, das vor uns mit zwei grauen Ochsen und einem schwarzen Kohlenführer langsam des Weges schliff. Der Grabler Hansel. Mein grüner Kilian wollte schon an dem Gespann vorüberhuschen, da schrie ich von hinten her aus Leibeskräften: „Hansel! Hansel! Sei so gut, leg' mir meine Christtagsachen auf den Schlitten, der Kilian hat sie im Korb und er soll sie dir geben!"

Mein Geschrei muß wohl sehr angstvoll gewesen sein, denn der Hansel sprang sofort von seinem Schlitten und nahm eine tatbereite Haltung an. Und wie der Kilian merkte, ich hätte hier einen Bundesgenossen, riß er sich den Korb vom Rücken und schleuderte das Bündel auf den Schlitten. Noch knirschte er etwas von „dummen Bären" und „Undankbarkeit", dann war er auch schon davon.

Der Hansel rückte das Bündel zurecht und fragte, ob man sich draufsetzen dürfte. Das bat ich nicht zu tun.

So tat er's auch nicht, wir setzten uns hübsch nebeneinaner auf den Schlitten und ich hielt auf dem Schoß sorgfältig mit beiden

Händen die Sachen für den Christtag. So kamen wir endlich nach Alpel. Als wir zur ersten Fresenbrücke gekommen waren, sagte der Hansel zu den Ochsen: „Oha!" und zu mir: „So!" Die Ochsen verstanden und blieben stehen, ich verstand nicht und blieb sitzen. Aber nicht mehr lange, es war ja zum Aussteigen, denn der Hansel mußte links in den Graben hinein und ich rechts den Berg hinauf.

„Dank' dir's Gott, Hansel!"

„Ist schon gut, Peterl."

Zur Zeit, da ich mit meiner Last den steilen Berg hinanstieg gegen mein Vaterhaus, begann es zu dämmern und zu schneien. Und zuletzt war ich doch daheim.

„Hast alles?" fragte die Mutter am Kochherd mir entgegen.

„Alles!"

„Brav bist. Und hungrig wirst sein."

Beides ließ ich gelten. Sogleich zog die Mutter mir die klinghart gefrorenen Schuhe von den Füßen, denn ich wollte, daß sie frisch eingefettet würden für den nächtlichen Mettengang. Dann setzte ich mich in der warmen Stube zum Essen.

Aber siehe, während des Essens geht es zu Ende mit meiner Erinnerung. – Als ich wieder zu mir kam, lag ich wohlausgeschlafen in meinem warmen Bette, und zum kleinen Fenster herein schien die Morgensonne des Christtages.

Der erste Christbaum in der Waldheimat

Bist doch noch kommen! Wir haben schon gemeint, 's Wetter! Der Nickerl hat schon gröhrt, hat glaubt, du kunntst im Schnee sein stecken blieben. Na, weil d' nur da bist. Was magst denn gleich? Ein Eierspeis'? Ein Kaffee? Weihnachtsguglhupf han ich ah schon."

Kennt ihr sie? Kennt ihr sie nicht? Das ist ja die Stimme der Mutter!

Es waren die ersten Weihnachtsferien meiner Studentenzeit. Wochenlang hatte ich schon die Tage, endlich die Stunden gezählt bis zum Morgen der Heimfahrt von Graz ins Alpel. Und als der Tag kam, da stürmte und stöberte es, daß mein Eisenbahnzug stecken blieb ein paar Stationen vor Krieglach. Da stieg ich aus und ging zu Fuß, frisch und lustig, sechs Stunden lang durch das Tal, wo der Frost mir Nase und Ohren abschnitt, daß ich sie gar nicht mehr spürte; und durch den Bergwald hinauf, wo mir so warm wurde, daß die Ohren auf einmal wieder da waren und heißer, als je im Sommer. Der Nase vergaß ich, doch stak sie sicher fest im Gesicht, wo sie heute noch steckt. Auch mein Bündel Bücher schleppte ich, denn die Professoren waren so grausam gewesen, mir Hausaufgaben zu zeichnen, besonders in der Mathematik und Grammatik, die ich heute noch hassen könnte bis aufs Blut, wenn es nicht gar so blutlose Wissenschaften wären.

So kam ich, als es schon dämmerte, glücklich hinauf, wo das alte Haus, schimmernd durch Gestöber und Nebel, wie ein verschwommener Fleck stand, einsam mitten in der Schneewüste. Als ich eintrat, wie war die Stube so klein und niedrig und dunkel und warm — und urheimlich. In den Stadthäusern verliert man ja allen Maßstab für das Waldbauernhaus. Aber man findet sich gleich wieder hinein, wenn die Mutter den Ankömmling ohne alle Umstände so grüßt. „Na, weil d' nur da bist!"

Auf dem offenen Steinherd waberte das Feuer, in der guten Stube wurde eine Kerze angezündet.

„Mutter, nit!" wehrte ich ab, „tut lieber das Spanlicht anzünden, das ist schöner!"

Sie tat's aber nicht. Das Kienspanlicht ist für die Werktage. Weil der Sohn heimkam, war für die Mutter Feiertag geworden. Darum die festlichere Kerze.

Und für mich erst recht Feiertag!

Als die Augen an das Halblicht sich gewöhnt hatten, sah ich

auch den Nickerl, das achtjährige Brüderl. Es war das jüngste und letzte. Es stand in seinem blädernden Höslein gerade wie ein Bäumchen da und hatte natürlich den Finger im Mund. Seine schwarzen Augen waren weit offen und ganz rund, so verwundert schaute er mich an. Der, um den er schon „gröhrt" hatte, war jetzt da und die Vertraulichkeit stellte sich erst allmählich ein. Selbst als ich ihn zum Kaffee einlud, war es noch nicht so weit, daß er den Finger für das Stück Guglhupf vertauschen wollte.

„Ausschaun tust gut!" lobte die Mutter meine vom Gestöber geröteten Wangen. Sie hatte ihr Gesicht, das nicht gut und nicht schlecht ausschaute − das alte, kummervolle und doch frohgemute Mutterantlitz. Ich schaute dieses Gesicht nie lange an, immer nur verstohlen − es war immer eine Schämigkeit da, bei ihr auch so, wie bei zwei heimlichen Liebsten. Zärtlich bin ich mit ihr nie gewesen, wohl auch nie grob − und diesmal bei der Heimkehr haben wir uns nur die Hände gegeben. Aber wohl war mir! Wohl zum Jauchzen und Weinen. Ich tat keines, ich blieb ganz ruhig und redete gleichgültige Dinge.

Der kleine Nickerl sah blaß aus. „Du hast ja die Stadtfarb, statt meiner!" sagte ich, und habe gelacht.

Die Sache war so. Der Kleine tat husten, den halben Winter schon. Und da war eine alte Hausmagd, die sagte es − ich wußte das schon von früher − täglich wenigstens dreimal, daß für ein „hustendes Leut" nichts schlechter sei, als „der kalte Luft". Sie verbot es, daß der Kleine hinaus vor die Tür ging, sie hielt immer die Fenster geschlossen, ja auch die Tür durfte nur so weit und so kurz aufgehen, wie eben noch ein Mensch rasch aus- oder einschlüpfen kann. Die Eltern wußten es der Alten Dank, daß sie so gewissenhaft für den Kleinen mitsorgen half. So kam der Knabe nie ins Freie und kriegte auch in der Stube keine gute Luft zu schnappen. Ich glaube, deshalb war er so blaß und nicht des Hustens halber. Gehustet hatte auch ich als Knabe, aber damals gab's noch diese alte Magd nicht und ich trieb mich mit meinen Geschwistern in der freien Weite um, wälzte Schneeballen, rodelte über Berglehnen, rutschte auf dem Eis die Hosen durchsichtig, so lange, bis der Husten wieder gut war. Aber der arme Nickerl hatte keinen gleichgesinnten Kameraden mehr, er war unter Großen das einzige Kind, das Hascherlein im Hause und fügte sich hilflos den Gesetzen. Ich nützte die wenigen Ferientage gewissenhaft, um ihn der lebensgefährlichen Fürsorge der Hausmagd abspenstig zu machen. Ich lockte ihn aus dem Hause, verleitete ihn zum Schneeballenwerfen, zum Schneemandelbauen, wobei er warme Hände und rote Wangen bekam. Und am Abende hustete er noch mehr. Mich schützte meine Stadtherrenwürde zwar vor dem Schlimmsten, aber das konnte die Alte nicht bei sich behalten, daß ich lieber in meinem Steinhaufen hätte bleiben sollen, als da herkommen, um Kinder zu verderben. Wir setzten munter unsere Winterfreuden fort und noch eh ich in die Stadt zurückkehrte, war beim kleinen Brüderl der Husten vergangen.

Aber ich laufe der eilenden Zeit voraus. Und will mich doch beim lieben Christfest aufhalten.

In der demselben vorhergehenden Nacht schlief ich wenig – etwas Seltenes in jenen Jahren. Die Mutter hatte mir auf dem Herde ein Bett gemacht mit der Weisung, die Beine nicht zu weit auszustrecken, sonst kämen sie in die Feuergrub, wo die Kohlen glosten. Die glosenden Kohlen waren gemütlich; das knisterte in der stillfinsteren Nacht so hübsch und warf manchmal einen leichten Glutschein an die Wand, wo in einem Gestelle die buntbemalten Schüsseln lehnten. Aber die Schwabenkäfer! die nächtig aus den Mauerlöchern hervorkrochen und zurzeit einmal Ausflüge über die Glieder und das Gesicht eines Studenten machten! Indes wird ein gesunder Junge auch die Schwabenkäfer gewohnt. Aber sie nicht ihn. – Da war's ein anderes Anliegen, über das er noch obendrein schlüssig werden mußte in dieser Nacht, ehe die Mutter an den Herd trat, um die Morgensuppe zu kochen. Ich hatte viel sprechen gehört davon, wie man in den Städten Weihnacht feiert. Da sollen sie ein Fichtenbäumchen, ein wirkliches Bäumlein aus dem Walde auf den Tisch stellen, an seinen Zweigen Kerzlein befestigen, sie anzünden, darunter sogar Geschenke für die Kinder hinlegen und sagen, das Christkind hätte es gebracht. Auch abgebildet hatte ich solche Christbäume schon gesehen. Und nun hatte ich vor, meinem kleinen Bruder, dem Nickerl, einen Christbaum zu errichten. Aber alles im geheimen, das gehört dazu. Nachdem es soweit taglicht geworden war, ging ich in den frostigen Nebel hinaus. Und just dieser Nebel schützte mich vor den Blicken der ums Haus herum arbeitenden Leute, als ich vom Walde her mit einem Fichtenwipfelchen gegen die Wagenhütte lief, dort das Bäumlein in ein Scheit bohrte und unter dem Karren- und Räderwerk versteckte. Dann ging ich nach Sankt Kathrein zum Krämer, um Äpfel zu kaufen. Der hatte aber keine, sie waren im selben Jahre zu Pöllau und Hartberg nicht geraten und so war kein Obstträger in die Gebirgsgegend gekommen.

Nun fragte ich den Krämer, ob er vielleicht Nüsse habe.

„Nüsse!" sagte er. „Zum Anschauen oder zum Aufschlagen? Ich habe ihrer noch ein Sackel, vom vorigen Jahr her. Aber die sind nur zum Anschauen. Schlagst sie auf, so hast einen schwarzen oder verdorrten Kern, der nit zum Essen ist."

Die Nüsse ließ ich ihm. Das wollte ich dem Brüderl nicht antun: Eine schöne Schale und kein Kern. Solche Sachen darf man ihm nicht angewöhnen.

Was sollte ich nun kaufen. Er hatte ja allerhand schöne Sachen, der Krämer. Rote Sacktücheln, Hosenträger, Handspiegel, Tabakspfeifen, sogar Maulwetzen (Mundharmoniken). Doch abgesehen davon, daß der angehende Pädagoge manches nicht passend fand, hatte ich mit meinem Geldvorrat zu rechnen, der mich ja auch wieder nach Graz bringen sollte.

„So wär' ich halt umsonst gegangen", sagte ich.

Darauf der Krämer: „Damit du nit umsonst gegangen bist – wenn man noch du sagen darf zum Herrn Studenten – so trink da ein Stamperl Roten." Damit goß er mir aus der Flasche süßen roten Schnaps in ein Gläschen.

Als ich den getrunken hatte, war mir der Mut gestiegen und die Geldsorge gesunken. Aber nicht beim Krämer wurde eingekauft, daraufhin war der Rote auch nicht gespendet vom alten braven Haselbauer (auch Haselgraber geheißen). Ich ging über das Brückerl zum Bäcker und kaufte einen Vierkreuzerwecken, den ich in die Brusttasche steckte, so daß der Fuhrmann Blasel, der mir nachher begegnete, lachend auf mich herrief: „Nau, der Waldbauernpeter hat ja eine Hühnerbrust bekemma!", denn die Vierkreuzerwecken in Sankt Kathrein waren damals nicht danach, daß sie unter dem zugeknöpften Rock unbeachtet bleiben konnten.

Ich kam nach Hause und nun war für den Christbaum alles beisammen. Aber kaum mir darob behaglich ward, fiel mir ein, daß gerade noch etwas sehr Wichtiges fehlte: die Kerzen. Ich hatte der kleinen Wachskerzen vergessen; wo nehme ich sie her?

Ich nahm sie einfach her.

In einem Bauernhause ist für alles Rat, nur gehört zur Herbeischaffung manchmal eine Notlüge. Sie ist nicht schwer zu machen. Zur Mutter ging ich und bat, ob sie mir nicht ihren roten Mariazellerwachsstock leihen wollte. Sie fragte wozu? Na, dann tat ich's halt. Ich ginge in der Nacht zur Christmette, wo in der Kirche alle Leute ihre Lichter hätten, so möchte ich auch eins haben. Sie langte nur in ihren Gewandkasten, da hatte ich den Wachsstock.

Dann ward es Abend. Die Gesindleute waren noch in den Ställen beschäftigt, oder in den Kammern, wo sie sich nach der Sitte des heiligen Abends die Köpfe wuschen, und ihr Festgewand herrichteten. Die Mutter in der Küche buk die Christtagskrapfen und der Vater mit dem kleinen Nickerl ging durch den Hof, um ihn zu beräuchern und dabei schweigend zu beten. Das *schweigende Beten*, sagte die Mutter gern, sei wirksamer als das laute.

Wenige Jahre vorher hatte ich dem Vater bei diesem priesterlichen Amte noch geholfen, nun tat es schon das Brüderl, und gewiß auch mit jener ehrfürchtigen Andacht, die den Geheimnissen dieser Nacht gebührt.

Dieweilen also die Leute alle draußen zu tun hatten, bereitete ich in der großen Stube den Christbaum. Das Bäumchen, das im Scheite stak, stellte ich auf den Tisch. Dann schnitt ich vom Wachsstock zehn oder zwölf Kerzchen und klebte sie an die Ästlein. Das plagte ein wenig, dann etliche wollten nicht kleben und fielen herab. Ich hätte sehr gern Geduld gehabt, um alles ordentlich zu machen, aber jeden Augenblick konnte die Tür aufgehen und vorzeitig wer hereinkommen. Gerade diese zitternde Hast, mit der sie behandelt wurden, benützten die Kerzchen, um mich ein wenig zu necken. Endlich aber wurden sie fromm, wie es sich für Christbaumkerzchen geziemt und hielten fest. Es war gut. Unterhalb, am Fuße des Bäumchens legte ich den Wecken hin.

Da hörte ich über der Stube auf dem Dachboden auch schon Tritte — langsame und trippelnde. Sie waren schon da und segneten den Bodenraum. Bald würden sie in der Stube sein, mit der wir den Rauchgang zu beschließen pflegten. Ich zündete die Kerzen an und versteckte mich hinter den Ofen. Noch war es still. Ich betrachtete vom Versteck aus das lichte Wunder, wie in dieser Stube nie ein ähnliches gesehen worden. Die Lichtlein auf dem Baum brannten so still und feierlich — als schwiegen sie mir himmlische Geheimnisse zu. Aber da fiel es mir ein — wenn sie niederbrannten, bevor die Leute kommen! Wie konnte ich's denn hindern? Wie sollte ich sie denn zusammenrufen? Da konnte ja alles ganz dumm mißlingen! Es ist gar nicht so leicht, Christkindel zu sein, als man glaubt.

Endlich hörte ich an der Schwelle des Vaters schuhklöckeln — man wußte schon immer, wenn es so klöckelte, daß es der Vater war. Die Tür ging auf, sie traten herein mit ihren Weihgefäßen und standen still.

„Was ist denn *das*?!" sagte der Vater mit leiser, langgezogener Stimme. Der Kleine starrte sprachlos drein. In seinen großen runden Augen spiegelten sich wie Sterne die Christbaumlichter. — Der Vater schritt langsam zur Küchentür und flüsterte hinaus: „Mutter! — Mutter! Komm ein wenig herein." Und als sie da war: „Mutter, hast *du* das gemacht?"

„Maria und Josef!" hauchte die Mutter. „Was lauter haben's

denn da auf den Tisch getan?" Bald kamen auch die Knechte, die Mägde herbei, hell erschrocken über die seltsame Erscheinung. Da vermutete einer, ein Junge, der aus dem Tale war: Es könnte ein Christbaum sein. Sollte es denn wirklich wahr sein, daß Engel solche Bäumlein vom Himmel bringen? – Sie schauten und staunten. Und aus des Vaters Gefäß qualmte der Weihrauch und erfüllte schon die ganze Stube, so daß es war wie ein Schleier, der sich über das brennende Bäumchen legte.

Die Mutter suchte mit den Augen in der Stube herum: „Wo ist denn der Peter?"

„Ah", sagte der Vater, „jetzt schon, jetzt rait ich mir's schon, wer das getan hat."

Da erachtete ich es an der Zeit, aus dem Ofenwinkel hervorzutreten. Den kleinen Nickerl, der immer noch sprachlos und unbeweglich war, nahm ich an dem kühlen Händchen und führte ihn vor den Tisch. Fast sträubte er sich. Aber ich sagte – selber feierlich gestimmt – zu ihm: „Tu dich nicht fürchten, Brüderl. Schau, das lieb' Christkindl hat dir einen Christbaum gebracht. Der ist dein."

Und da hub der Kleine an zu wiehern vor Freude und Rührung, und die Hände hielt er gefaltet wie in der Kirche.

Öfter als vierzigmal seither hab' ich den Christbaum erlebt, mit mächtigem Glanz, mit reichen Gaben und freudigen Jubels unter Großen und Kleinen. Aber eine größere Christbaumfreude, ja eine so heilige Freude habe ich noch nicht gesehen, als jene meines kleinen Bruders Nickerl – dem es so plötzlich und wundersam vor Augen trat – ein Zeichen dessen, der vom Himmel kam.

So lange die Lichter brannten, war es wie ein Gottesdienst, während der Mutter auf dem Herde richtig ein paar Krapfen verschmorten. Erst als sie verloschen, eins ums andere, bis auch das letzte mit ein paar knisternden Flackern dahin war, huben die Leut an zu reden und einer brachte, weil es finster geworden war, von der Küche ein rötliches Spanlicht herein.

„Was denn da drunter liegt!" sagt der Vater und zeigte auf den Wecken. „Nickerl mich deucht, das gehört auch dein."

Der schöne bräunliche Wecken, mit Weinberln gespickt – weil es Weihnachtsgebäck war – wurde dem Kleinen in die Hand gegeben. Er hielt ihn ganz hilflos vor sich. Die Freude wurde nicht größer, weil sie nicht mehr größer werden konnte. Der Christbaum allein hatte sein ganzes Herzlein ausgefüllt, sowie er auch unsere Kinder ausfüllen würde, wenn der himmlische Lichterbusch nicht so sehr mit irdischem Tand verweltlicht wäre.

Nachher beim Nachtmahl wurden allerhand Meinungen laut.

„Heut' tat eigentlich 's Krippel auf den Tisch gehören", meinte die alte Magd.

„'s Krippel ist eh da oben", entgegnete der Vater und wies gegen den Wandwinkel, wo neben mehreren Heiligenbildern mit kleinen Figuren auch die Darstellung der Geburt Christi war.

„'s kommt halt eine neue Mod' auf", wußte der Junge aus dem Tal zu sagen. „Der lutherisch Verwalter in Mitterdorf hat in ganz Mürztal den Christbaum aufgebracht. Aber da sind wenigstens gute Sachen darunter, und daß jeder was kriegt."

„Aha, wenn du Geschenke kriegst", sagte ich gereizt, „da magst auch einen lutherischen Christbaum, gelt!"

„Still seid's!" gebot der Vater, der solche Reden nie leiden konnte, und heut am wenigsten.

Also ist die Weihnachtsstimmung schön gewahrt geblieben. Und während wir gekochte Rüben und Sterz aßen, saß der Nikkerl beim Christbaum und aß ein Stückchen Wecken, das ihm die Mutter herabgeschnitten hatte. Sich und dem Vater und mir, so war sein Wille, sollte sie auch ein Stück herabschneiden; aber mir war der lang entbehrte Sterz lieber. So zehrte der Kleine noch am Christtag und am Stephanitag und am Johannstage an seinem Wecken. Aber die Weinberln hatte er alle schon am ersten Tag aus der Rinde gekletzelt. Endlich war der ganze Wecken weg.

Aber das Bäumchen war noch da, wenn auch kahl und leer, wie sie im Walde stehen. Der Nickerl ließ es auf die Leiste über seinem Bettchen stellen. Und dort stand es gewißlich bis die Nadeln begannen zu fallen. Dann nahm es die Mutter heimlich weg, hackte es klein, und legte es fast zärtlich auf das prasselnde Herdfeuer.

Der liebe kleine Gott geht durch den Wald

„Der liebe Gott geht durch den Wald!" — so singt ein altes Lied, aber eine alte Erfahrung zeigt, daß er im Walde nicht jedem begegnet. Die Rehe und Hirsche vielleicht sehen ihn, fürchten ihn aber nicht — er geht ohne Büchse um. Der Pecher-Lenz, im Walde geboren und den Wald seit vierzig Jahren durchstreichend, ist, wie er meint, dem lieben himmlischen Waldgänger noch nicht ein einzigesmal begegnet, wohl aber manchem, vor dem er fluchend ausgerufen: „Ei, der Teufel nocheinmal!" Und doch! Auch der Lenz hat's erfahren: „Der liebe Gott geht durch den Wald."

Sein — des Pechers — Haus steht im Walde; alles ringsum strebt in wilden Büschen und hohen Stämmen himmelwärts, und auf den Wipfeln klingt die Lust — nur das Haus kriecht auf dem Sande, und seine Kammern sind dunkel. Bis ins dreißigste Jahr war der Lenz ein armer Pechersbursche gewesen; dann nahm er sich ein Weib und war nun der arme Pechersmann geheißen. So groß war der Unterschied.

Seinem Vater ist's nicht viel besser ergangen. Der ist Waldhüter gewesen, aber von dem hochgelobten Walde war nur das Bitterste sein eigen — das Pech (Harz). Doch ließ sich's dabei leben; die Pecher, wohlgemerkt die ledigen, pfeifen beim Baumschaben heitere Liedeln, und die Terpentiner haben mitunter so schlecht nicht gezahlt. Das Handwerk ernährt seinen Mann — aber nur den Mann, nicht etwa auch noch Frau und Kinder.

„Bei Euch in der Waldhütte sollte der Zölibat sein", sagte einst ein fremder Jäger zum Pecher-Lenz.

„Was ist denn das für ein Ding?" fragte der Lenz, „ist's was zum Essen oder zum Anlegen?"

Als sich der Fremde näher erklärte, wurde der Lenz fast aufgebracht. Sein ganzes Glauben, Lieben und Hoffen geht auf Weib und Kind. Er selber ist so viel als Bettelmann. Wenn er im Walde ein grünes Reis auf seinen Hut steckt — es ist fremdes Gut. Die Hütte, in der er wohnt, steht auf dem Boden des Herrn Gallheim und ist gebaut aus dem Holze des Herrn Gallheim. Nur Weib und Kind sind sein eigen. Gallheim ist ein flinker Jäger und fröhlicher Lebemann, und ein kleiner Scherz mit der drallen, biederen Pecherin — warum nicht? Anderer Meinung ist der Lenz; der hat dem Gutsherrn darüber etwas Grobes gesagt. Grobsein aber ist nichts für einen armen Teufel; der muß allemal Süßwurzeln kauen, wenn er mit dem „gnädigen Herrn" spricht.

Nun, der Lenz hat eben getan, wie er getan hat — wie ich auch täte, an seiner Stelle — und so ist ihm eines Tages ein großer Brief ins Haus gekommen. Der Lenz kann nicht lesen, aber sein Weib hat die unselige Kunst gelernt; er knittert mit Mühe das feine Zeug auseinander; das Blatt bleibt kleben an seinen harzigen Fingern: „Alte, geh' schau', was da drauf steht."

Da drauf stand solches:

„An Lorenz Hackbretter im Kesselwald. Demselben diene zur Kenntnis, daß von nun ab forstwirtschaftlicher Rücksichten wegen das Pechschaben nicht mehr gestattet ist. Dawiderhandelnde verfallen der Strenge des Gesetzes.

Der Oberförster
im Auftrage des Herrn von Gallheim, Gutsbesitzers."

So hatte das junge Weib gelesen.

„Nau?" sagte der Lenz, „und sonst nichts mehr? Der paar Worte wegen das viele Papier?"

Er steckt die Hände in die Hosentaschen, ging in den Wald und brummte. „Nicht mehr gestattet! Forstwirtschaftlicher Rücksichten wegen, oder wie das Zeug heißt! Nun ja, die Sach' muß einen Namen haben! Allfort hab' ich acht gegeben auf den Stamm; dieser schöne Wald, wie er heute dasteht, unter der Pechschabe ist er aufgewachsen. Und jetzt auf einmal ist's ein Verderben. Sakra, was heb' ich jetzt an!"

Gelernt hat er nichts. Wurzeln- und Kräutergraben ist noch das einzige; aber wenn er des Abends heimkehrt von seinen Gängen ist er oft trotzig und launisch, und unwirsch stößt er sein Kind, das Magdale, von sich, wenn es zu ihm herankommt und in Kindlichkeit fragt, was das Reh mache draußen im Walde.

Das Reh draußen im Walde? Das bringt den Lenz auf neue Gedanken. Und eines Tages nimmt er den alten Kugelstutzen aus dem modernden Schranke hervor, schleicht damit hinaus, stellt sich an und siehe, harmlos kommt ein prachtvoller Hirsch mit hohem Geweih herangeschritten. Der Mann fährt mit dem Gewehr zur Wange — da sieht er in den Schaft eingegraben das Herz, aus dem ein Kreuz wächst. Das ist das liebe, traute, alte Zeichen, welches sein Vater so gern in Stab und Stiel seiner Werkzeuge eingegraben hatte.

Ein Kreuz — der Vater ist arm gewesen; ein Herz — er ist treu geblieben. Das Gewehr entsinkt der Hand des Mannes, und der Hirsch läuft flink über die Matte hin.

Ein Herz und ein Kreuz! Er hat Weib und Kind und wird sie mit Kräuter- und Wurzelgraben in Gottes Namen ernähren.

Was geschah? Die Hirten taten sich zusammen und verklagten

den Wurzelstecher, daß er den Grasboden verwüste. So wurde ihm auch dieses untersagt, und er ging verloren in den Wäldern umher und wußte nicht, was beginnen.

Ihr fragt, ob ihm nicht doch der liebe Gott begegnet sei mit einem guten Gedanken? Was helfen gute Gedanken dem, der sie nicht ausführen kann! Wohl aber ein anderer Geist trat ihn bisweilen an, der flüsterte: Lenz, bist ein Mensch, hast ein Recht an die Welt; hast die Pflicht der Erhaltung gegen die Deinen, aber keine gegen Gallheim, keine gegen die reichen Bauernhöfe draußen, keine gegen den Wanderer, der durch den Wald muß.

„Hinweg!" rief der Mann in solchen Augenblicken und schlug mit der Faust in die Luft hinein, „ein ehrlicher Mann will ich bleiben. Sakra, das will ich sehen, ob ich's nicht durchsetz'!"

Ein Raucher war er. Für all seine Mühe und Arbeit war der persönliche Lohn stets ein Pfeifel. Dieweil er nun keinen Tabak mehr kaufen konnte, beizte er Buchenblätter in Harz und wunderte sich schließlich, wie der Arbeitsmensch so viel Geld ausgebe für ein Ding, das er selber bereiten kann.

Magdale gedieh. Sie war nun sieben Jahre alt, war fleißig und brav, und als Weihnacht herankam, hoffte sie auf eine Gabe vom Christkind. Vater und Mutter lächelten bitter. Das Christkind kommt zu den braven Kindern nicht alle Jahre! —

Der Lenz hatte an dem Tage draußen beim Klausenwirt wohl eine Semmel und etliche Äpfel erstanden, um damit die Ehre des heiligen Christ zu retten. Aber auch ein Tannenbäumchen soll dazu sein, und Lichteln dran. So war's früher stets gewesen, und so wurde es erwartet.

Der Lenz ist am selben Tag wieder nicht daheim. Er streift im Walde herum. Der Boden ist hart gefroren, das Moos knistert unter den Füßen, die Äste hängen, von Eisnadeln des Nebelfrostes belastet, tief herab. Der Lenz wandelt zwischen den Bäumen. Vor manchem jungen Tannenwipfel bleibt er stehen. „Es wäre schon das rechte", murmelte er, „aber — darf ich denn? — Ich dürfte freilich nicht, aber heut schickt mich das Christkind, das diesen Wald hat wachsen lassen. Mein seliger Vater hat viel tausend Bäume gepflanzt und gehütet — so kann's doch nicht soweit gefehlt sein, wenn ich mir ein Stämmel davon heimtrage für mein klein Dirndl."

Mit Hast fährt er nach seinem Taschenmesser, ein kräftiger Schnitt, und eine zarte Tannenkrone ist geknickt. In diesem Augenblick gellt ein Fluch. Zwei Männer mit Jagdgewehren stehen vor dem Lenz: Gallheim und sein Förster.

„Haben wir dich endlich, du verdammter Waldfrevler!" rief

der Förster. „Schon seit lange werden von boshafter Hand in unseren Wäldern Bäume geknickt. Dieser Lump da tut's!"

„Ho ho", brummte der Lenz, „nicht not, daß Ihr mich so anknurrt! Ich bin kein Lump, ihr Herren!"

„Was denn?" fragte Gallheim.

„In böser Absicht hab' ich mein Lebtag kein Zweigl vom Ast gebrochen."

„So? Und dieser Wipfel, der weder einen Spatenstiel, noch ein Stück Brennholz gibt?"

„Zu Gnaden, Herr — für's Kind daheim ein Christbäumel."

„Die Ausrede ist nicht übel", lachte Gallheim, „aber einen ertappten Dieb und Waldfrevler läßt man nicht laufen. Förster nehmt mir den Lungerer fest; die sichere Kammer wird ihm über die Festtage wohlbekommen."

Der Lenz zerstampfte den Moosboden. „Schau, du großer, gestrenger Herr", sagte er knirschend, „das Moos ist auch nicht mein eigen, und ich zertrete es doch. Klag' mich! Die Luft ist auch nicht mein eigen, und die ich ausatme, mußt du vielleicht wieder einatmen — gnädiger Herr, du armer Schelm!"

Damit machte er es nicht besser, aber in ihm kochte Trotz und Wut. Einerseits sah er's, er war ein Dieb; anderseits fühlte er's, es geschah ihm Unrecht. Finster grub er seinen Blick in den Boden, ließ sich fesseln und davonführen.

Und das Tannenbäumchen blieb liegen auf dem frosterstarrten Boden, und statt der Christlichter glitzerten Eiskörner an den Zweigen.

*

Da hat sich an jenem Tage etwas zugetragen, das ganz so aussah, als hätte sich das Christkind für den armen Wäldler ins Mittel legen wollen; das liebe Christkind, welches den Reichen wohl glänzende Gaben bescheren mag, es heimlich aber doch lieber mit den Armen hält.

Im Arrest hatten seit langem schon die Spinnen ihre Webstühle aufgerichtet. An diesem Weihnachtsabend nun wurden sie durch den Pecher-Lenz ein wenig gestört. Der Lenz zerriß sich seinen Bart vor Schmerz und Wut. Er dachte an sein schutzloses Heim, in welchem ihn heute die Seinen vergeblich erwarten würden: das Weib in Furcht und Angst; das Kind schluchzend, bis es einschläft — das ist ihre Weihnacht. Und er, der Lenz, der sich gehütet hat sein Leben lang, daß er ein ehrlicher Mann verbleibe, sitzt im Gefängnis, wo vor ihm der Räuber saß, wo nach ihm der Strolch sitzen wird. Das ist seine Weihnacht! —

Zornig ob des Waldfrevels und befriedigt zugleich, denselben erwischt zu haben, kehrte Gallheim in sein Herrenhaus zurück. Dort war Wirrnis und Jammer.

Theobald, der zehnjährige Sohn des Herrn, war, wie gewöhnlich, am Nachmittage auf seinem Schimmel ausgeritten. Das Haus stammte aus dem sechzehnten Jahrhundert und besaß eine Waffenkammer, in welcher sich mancherlei Rüstzeug befand. Nun war es heute dem Knaben eingefallen, derlei vom Reitknechte glätten und putzen zu lassen, daß es glänzte, und an sich zu hängen. So war er mit Blechwams und Helm und Schwert ausgezogen. Ein junger Ritter, dachte er an die Turniere und an die Burgfräulein, die er begehren und erstreiten wollte – und das feurige Roß trabte hinaus in den finsteren Wald.

Die übliche Reitstunde ging vorüber – Theobald kehrte nicht zurück. Es begann zu schneien, es begann zu dämmern, – er kehrte nicht zurück. Als der Hauswart im Hofe die Laternen anzündete, rannte der Schimmel schnaubend und mit hochfliegender Mähne zum Tore herein. Aber auf dem Rosse saß kein Reiter.

Jetzt ging das Entsetzen an. Die Mutter fiel in Ohnmacht. Der Vater schoß planlos umher. Die Dienerschaft stob verwirrt durcheinander; das Gesinde jammerte über den „lieben, guten, jungen, gnädigen Herrn". Die Knechte sprengten auf Pferden zum Tore hinaus. Der Wächter läutete in seiner Kopflosigkeit die Sturmglocke.

Die Frau des Hauses war die erste, welche wieder zur Besinnung kam. Sie eilte in den Schnee, in die Nacht hinaus; laut und hell rief sie ihr Kind, bis die Stimme versagte. Durch Heide und Wald irrte sie, und wo ein Kreuzbild stand, da sank sie auf die Knie und rang die Hände.

Herr Gallheim hastete wie ein gehetztes Wild über Berg und Tal; das Reh und der Edelhirsch, nach denen er sonst so gierig sein Feuerrohr gerichtet, flohen erschreckt und lugten aus Verstecken hämisch auf ihn hin. In der Finsternis stolperte Gallheim über ein gebrochenes Bäumchen. Der Tannenwipfel war's, weswillen der Pecher-Lenz im Gefängnisse lag. „Auch dieser Mann hat ein Kind!" so rief es in ihm. Er eilte weiter und stieß in sein Horn.

Die ganze Bewohnerschaft des Herrenhauses irrte im Walde. Der Pecher-Lenz war zu dieser Stunde fast der einzige Bewohner im großen Gebäude.

„Das ist eine schlimme Weihnacht!" sagten die Suchenden zueinander. „Wir werden morgen einen traurigen Christtag haben!" Und sie stießen ins Horn und lauschten; sie feuerten Schüsse ab und horchten vergebens auf ein Gegenzeichen. Wohl, sie vernahmen Schreie, aber das waren die der anderen Sucher. Keiner hatte eine Spur, keiner wußte Rat. Endlich begann ein wildes Gestöber; der Sturm rüttelte in den Stämmen und erstickte den Schall der Hörner. Die Schneeflocken tanzten wie rote Sternchen um die Pechlunten; da sagte einer: „Der Herrgott legt schon das Bahrtuch darüber."

✳

„Das ist eine schlimme Weihnacht!" so seufzte auch das Weib des Lenz im Waldhause. Sie ging von einem Fenster zum andern, eilte bei jedem Geräusch an die Tür — aber er kam nicht.

„Der Vater wird noch zum Christkind zu spät kommen", meinte das kleine Magdale.

„Weiß Gott", antwortete die Mutter halb für sich, „zu spät für das Christkind wird er nicht kommen. Aber so lange ist er noch nie ausgeblieben. Mir ist heute den ganzen Tag bange. Geh' ins Bett, Magdale."

Jetzt klopfte es ans Fenster.

„Gottlob! Gottlob!"

Aber er war's nicht. Ein verspäteter Holzhauer ging vorbei, der rief durch die Scheibe herein: „He, Muhme, was hat er denn angestellt?"

„Wer?"

„Er!"

„Ich weiß nicht, was Ihr meint", fragte das Weib.

„Die Muhme wüßte es gar nicht? Na, so sage ich auch nichts. Das Beste wird sein, die Muhme läßt mich heut in ihr warmes Stübel hinein."

„Ich laß niemand ein. Mann! Lenz!" rief sie gegen den Ofenwinkel hin.

„Tue sich die Muhme nicht foppen", lachte der Holzknecht draußen, „der Lenz ist heute nicht daheim — das weiß ich recht gut — und kommt auch nicht heim."

Sie stürzte zum Fenster hin: „Wißt Ihr was? Wo ist er denn?"

„Mir sind sie begegnet", berichtete der Holzer, „er hat den Hut im Gesicht gehabt, aber ich habe ihn doch erkannt. Die Hände sind ihm gebunden gewesen."

Das Weib tat einen Aufschrei. Der Holzbauer ging weiter.

Und so ist anstatt des Christkindes im Waldhause der Jammer eingekehrt. Vielleicht als Vorbote nur.

„Geh' schlafen jetzt!" sagte die Mutter zum Mädchen.

Magdale blickte verwundert auf. War denn nicht Christabend?

Das Weib hielt ihr Weinen zurück, das einzige, was sie ihrem Kinde tun konnte. Immer und immer wieder blies sie in die Glut des Herdes, und es wollte nicht brennen; so oft der Span verlosch, war es dem Mädchen, als hörte es irgendwo ein Schluchzen. Dann fragte es wieder nach dem Vater.

„Sei still!" gab das Weib endlich unwirsch zur Antwort; bald setzte sie weicher hinzu: „Der Vater sucht das Christkind und hat sich im Walde ein bissel verirrt."

„Er wird es schon finden", meine das Magdale, „der kleine Gott geht durch den Wald, das Christkind hat gewiß ein goldenes Röckel an. Das tut schon leuchten."

„Freilich", sagte die Mutter.

Tiefer und tiefer ging es in die Nacht hinein. Draußen rauschte der Wind, und die Fensterwinkel waren vollgestopft von frischem Schnee. Im weiten Lande ist Glanz und Freude in dieser heiligen Nacht ...

Das Weib des Pechers zündete eine rote Kerze an. Mehrmals hatte die Kerze schon geleuchtet — es war ein trüber Glanz. Als der Vater des Lenz gestorben war, da hatte sie gebrannt; als in einer wilden Gewitternacht die Lawine vom Schollberge niederfuhr und das große Wasser gegen dieses Haus tobte, hatte sie gebrannt. Die rote Kerze sollte brennen, wenn einstmals nach diesem Leben der Lenz und sein Weib das Auge schließen müßten im Waldhause. Es war die Sterbekerze. Und jetzt, da des Hauses ältester Bewohner, der ehrliche Ruf, gestorben war, jetzt brannte sie wieder.

Das Weib kniete vor dem Lichte nieder und betete zum Jesukinde.

Sie betete nicht in wilder Leidenschaft, wie die vornehme Frau, sie betete mit Ergebung: „Ich lege, du heiliges Kind, mein Anliegen in deine Hände. Böses kann er nichts getan haben; es ist ja meine tägliche Bitt', daß ihn sein Schutzengel nicht sollt' verlassen. Aber mit gebundenen Händen! Hätte er denn doch gewildert, um dir zu Ehre, du heiliger Christ, einmal ein Stückel Fleisch heimzubringen? Armut und Sorge, o Gott, wie gern erträgt man's, nur nicht Schand' und Schmach!"

„Jetzt sind sie draußen", flüsterte das Magdale plötzlich. Und wahrhaftig, es war nicht das Klopfen des Windes — das war ein Pochen an der Tür.

Sogleich erfaßte das Weib die Kerze und eilte, zu öffnen.

Ein fremder Knabe stand vor ihr. Ein seltsamer Knabe; er hatte ein leuchtendes Kleid an. Die langen Locken waren voll Eis, die Augen voll Wasser. Vor Frost zitterte er und bat um Obdach.

„Ist denn kein Mensch bei dir?" rief das Weib. „Bist du allein? So komm, so komm nur!" Und sie fächelte den Schnee von seinen Kleidern, aber die Brust blieb leuchtend.

„Du liebes Christkind", lispelte das Mädchen voller Andacht, „da setz' dich zum Ofen und wärme dich."

Und immer wieder fragte das Weib, wo er herkäme, wer er wäre?

„Ich bin Theobald Gallheim", antwortete endlich der Knabe. „Ich bin ausgeritten; da sind Wildhühner aufgeflogen, das Pferd ist scheu geworden und hat mich abgeworfen. Ich bin herumgegangen, bis es finster geworden ist. Dann ist der Wind und der Schnee gekommen, und ich habe gar nichts mehr gehört und gesehen und bin gefallen. Bin doch wieder weitergegangen lang und lang, und dann habe ich das Licht gesehen. Laßt mich liegen in Eurem Hause, und tut mir nichts Böses! Mein Vater wird schon kommen!"

Das Fieber schüttelte ihn, als er das sprach. Das Weib hatte Mühe, ihm die Schuhe von den Füßen zu bringen; sie waren schier angefroren. Der Knabe ächzte vor Schmerz; die Pecherin legte ihm kaltes Grubenkraut auf die froststarren Hände und Füße, dann brachte sie heiße Milch und führte den Löffel selbst zu seinem Munde.

Das Magdale war ein wenig zutraulich geworden. Und doch furchtsam schlich es spähend um den Knaben herum, schaute seine zarten Locken und seine weißen Wangen an und seine glänzende Brust und seine Augen. „Du armes Christkind, ist es doch richtig wahr, daß du so viel Kälte leiden mußt!"

Das Weib trug von allen drei Betten, die in der Stube standen, die Kissen zusammen und baute damit auf der Ofenbank dem kleinen Gaste ein Lager. Theobald legte sich hin, dann fielen ihm auch schon die Augen zu.

Dem geängstigten Weibe war leichter ums Herz geworden. Ihr war dieser Knabe, der in der Christnacht hilflos zu ihr gekommen, ein gutes Vorbedeuten. Das Magdale, das gar nicht schlafen wollte, zerstreute sie mit alten Weihnachtsliedern:

„Ach, wie friert das göttlich Kind,
Wie geht nicht aus und ein der Wind —
Es liegt auf Heu und Stroh.
Ei, wenn ich nur das Häuserl hätt'
Das dort unt' im Dörferl steht,
Wie wär' ich doch so froh!
Ich nähm' die Mutter mit dem Kind,
Tät's führen in mein Häuserl g'schwind!"

Dabei unterbrach sich die Sängerin und horchte auf den Atem des Schlummernden; und das Magdale saß daneben und faltete die kleinen Hände ...

Gellender Waldhornschall draußen! Dem Weibe blieb das Lied in der Kehle stecken. Draußen schwere Tritte, die Tür geht auf, über und über beschneite Männer treten herein, unter ihnen eine schöne Frau.

Die Pecherin tat einen scheuen Blick auf die polternden Ankömmlinge, legte den Finger auf den Mund und wies auf den schlafenden Knaben. Kaum erblickte diesen die eintretende Frau, als sie mit einem Freudenschrei auf den Schläfer zustürzte. Der Knabe fuhr empor und blickte um sich. Und sah in dieser Hütte sich und seine Mutter.

Sogleich wurde auf dem nahen Feldhügel das Zeichen geblasen: Gefunden! Gefunden! —

Da kam auch Herr Gallheim. Alle kamen sie hier zusammen, und noch nie hatte das kleine Haus im Walde so viele und so fröhliche Gäste gesehen, als in dieser Nacht.

Dem reichen Manne barst schier das Herz. Da sah er seinen Sohn so liebevoll gehalten von der Familie dessen, den er heute — —

Den schnellsten Reiter sandte er nach dem Herrenhause, um die eiserne Tür zu öffnen.

Sie waren alle noch beisammen, als der Lenz in einem vornehmen Wagen, bespannt mit zwei Rappen, angefahren kam.

Zur Stunde ging schon der Morgen auf.

„Verzeiht mir! Verzeiht mir alle drei! Ich will es gutzumachen trachten!" rief Gallheim. „Das Pechhacken, Lenz, das tut Euch schlecht und den Bäumen nicht gut. Aber die Förstersstelle wird frei, und zu Christbäumen für Eure Nachkommenschaft haltet von heute an dreißig Joch Waldgrund als Euer eigen."

Na also, Magdale! Da wird der liebe kleine Gott ja noch oft durch den Wald gehen!

Das Christkind von Scharau

Das Frommsein ist süß. Nur schade, daß es bloß alle heiligen Zeiten einmal sein kann. Die übrige Weile muß der Mensch an was anderes denken. Zu viel von der Gattung macht mager, meint der Baumbart-Bauer. Aber wenn eine heilige Zeit kommt – insonderheit die Weihnachtszeit, da tut er die Bibel herfür. Die Bibel und das Bübel, das letztere ist sein jüngstes Söhnlein und dem legt er die Bibel aus und sagt: „Mein Gott, die Kinder!"

Denn der Knabe brennt durch und durch vor Liebe zum Christkind und die heiligen Flammen schlagen ihm zu den hellen Augen heraus. Und die Fäustlein sind gar fest gekniffen, denn es gibt auch ganz elendlich schlechte Leute in der Bibel.

Es ist der heilige Abend und es geht schon um's Dunkeln. Der Baumbart-Bauer ist eben auch schon in den Jahren, wo man mit der Frömmigkeit nicht mehr viel versäumt. Er hat sich's in der Stube bei der Bibel recht behaglich gemacht, denn das gehört dazu, und er deutet nun dem Kleinen das Weihnachtskapitel:

„Ist selb' Zeit, mußt wissen, im heiligen Land eine Volkszählung gewest, im Vergleich wie bei uns vorigen Sommers, wo der Schulmeister als Umgangssprache die lateinische angegeben hat, was richtig ist, weil beim Fronleichnamsumgang Geistlichkeit und Meßner lateinisch beten."

„Und die Ministranten auch", vervollständigte der Knabe, weil er ja selber einer war.

„Gehört nicht her da", sagte der Baumbart-Bauer. „Und bei der Leutaufschreibung im heiligen Land ist auch unsere liebe Frau von weit her nach Bethlehem kommen, wo sie zuständig gewesen, und daß sie sich angeben wollt'. Ist ein arm' Weib gewesen und wie's finster worden ist, hat sie in der ganzen Stadt Bethlehem keine Nachtherberg' gefunden."

„Hat sie nicht bei ihren Blutsfreunden anfragen können, wenn sie zuständig ist g'west?" warf der Knabe sehr brav ein.

„Meinen sollt' man's", sagte der Alte, „aber wer so bettelarm ist, der hat keine Vettern und keine Muhmen. So gern sich die ganze bethlehemitische Freundschaft später bei der Himmelfahrt der Mutter Gottes an ihre Falten angeheftet hätte, so gern hat sie zu Bethlehem dem armen Weib die Tür vor der Nase zugeschlagen. So sind die Leut', mein Bübel, so sind die Leut'!"

„Gelt, wenn sie zu uns wär' kommen, die liebe Frau, wir hätten ihr das hintere Stübel warm heizen lassen?"

„Gehört nicht her da!" sagte der Bauer, „so christlich sind wir gleichwohl in der Scharau, daß wir die Mutter Gottes nicht in einem Ochsenstall übernachten ließen, wie das Judenvolk von Bethlehem so unbarmherzig ist gewest; die armen Hirten haben braver sein müssen. Hör' nur zu!"

Da ist die christliche Unterhaltung plötzlich unterbrochen worden. Die Baumbart-Bäuerin kam eilig in die Stube getreten, aber so leise, als ginge sie in eitel Socken; und halb über den Tisch hingelehnt, lispelte sie dem Ehemann zu: „Du, jetzt ist eine draußen, die will sicher dableiben heut' Nacht."

„Aha", meinte er, „für die Festtage sucht sich das Bettelvolk allemal den Großhof. Die Krapfen, die du gebacken hast, riechen halt weitum in der Luft."

„Ein Bettelweib ist's dieweilen zwar noch nicht, die draußen steht", sagte die Bäuerin.

„Ist's wer der will, behalt' sie und gib ihr eine Suppe."

„Und bist gar nicht begierig, wer's sein möcht'?" fragte das Weib. „Raten kannst lang', derraten wirst es nicht."

„Nachher wird sie von weit her sein."

„Vom Masenthal herüber."

„Etwan doch nicht die Plonel?"

„Schau, was du für eine scharfe Nasen hast", sagte die Bäuerin und indem sie sich weiter über den Tisch bog und noch näher ans Ohr ihres Mannes hin: „Das stinkt aber auch danach. – Sie laßt den Vetter schön grüßen."

„Kann mir's denken. Umsonst kommt die nicht zu ihrem Vetter. So Leut' tragen allemal weniger ins Haus herein, als hinaus."

„Dasmal", meinte nun die Bäuerin, wies aber, bevor sie weiter sprach, den Knaben davon; die Kinder brauchen nicht alles zu hören. „Dasmal möcht's umgekehrt sein, däucht mich schier – "

„Wie meinst das?" fragte der Bauer und lugte sie schief an.

„Geh' hinaus, in der Küche steht sie, wenn sie sich nicht niedergesetzt hat. Betracht' sie dir einmal, die Plonel, ob sie nicht schwerer aufgefaßt hat, als ein Weibmensch in solchem Alter tragen soll …"

In der Küche stand sie wirklich, denn sie hatte sich nicht niedergesetzt. Obwohl der größte Teil ihres Gesichtes und Körpers in ein wollenes Umhängetuch eingemummt war und obwohl sie so demütig und armselig dastand, merkte man doch leicht, daß sie jung und hübsch war. Die Augen, die zwischen der Vermummung aus einem vor Kälte und anderem geröteten Gesichte hervorschauten, waren treuherzig und traurig dabei. Die Hände, die in fingerlosen Handschuhen staken, hielt sie vorne unter dem Busen aneinander und in denselben ein Handbündel.

In die Länge war sie seit zwei Jahren nicht gewachsen, das sah der Baumbart-Bauer auf den ersten Blick. Die Plonel war ein armes, fleißiges und gutherziges Ding, eine Waise und zur Zeit, als ihre Dienstherren mit ihr wohl zufrieden, mit dem Baumbart-Bauer weitläufig verwandt gewesen. Aber seit sie vor zwei Jahren aus der Scharau ins Masental hinübergewandert war, wo die Leute um ein gut Stück lustiger sind als da herüben, und wo sie in dieser Sache die Ehre der Scharauer rettete, indem sie tatsächlich dartat, daß Scharauerblut noch viel lustiger sein könne, als welches vom Masental, und seit der Ruf davon ins Heimatsdorf zurückgekehrt war — fand der Baumbart-Bauer, daß die Verwandtschaft mit ihr eigentlich nur eine „erheiratete" gewesen und dieselbe längst „mit Tod abgegangen".

Diese erheiratete, aber mit Tod abgegangene Verwandtschaft hatte das Mädchen jetzt mitten im scharfen Winter aus dem fernen Tale herübergeführt, um zu den Weihnachtsfeiertagen ihre Vettern und Muhmen auf dem Bauernhofe heimzusuchen. Als der „Vetter" in die Küche trat, wollte sie ihm die Hand küssen. Er ließ es nicht angehen, sondern sagte recht gutmütig, das wäre was Neues, daß sich die Plonel auch wieder einmal anschauen ließe. Sie soll nur ein wenig abrasten und einen Löffel warmer Suppe essen, auch dürfe sie ein Stück Weihnachtsbrot nicht verschmähen, obwohl er wisse, daß die Masentaler ein besseres hätten. Er tät gern sagen, daß sie in seinem Haus über Nacht bleiben möchte, wenn ein einzig Platzel aufzutreiben wäre; aber es sei über und über alles besetzt; Verwandte, die ihn über die Feiertage besucht, hätte er auch im Haus. — Na, wie's ihr alleweil ginge? Das Aussehen wär' nicht schlecht.

Der Plonel hatte es die Rede verschlagen. — Wie es ihr ginge? Daß sie müde ist vom weiten Weg und in einer schweren Bangigkeit! Und daß sie jetzt in der Scharau keine Herberg' hat! — Sie hat's nicht gesagt. Als sie des Bauers, ihres einzigen Verwandten, Worte gehört hatte, konnte sie weder essen noch trinken. Da müsse sie wohl wieder anrücken, sagte sie kleinlaut und betrübt, sie hätte noch einen weiten Weg. Die Bäuerin suchte ihr etliche Krapfen aufzunötigen; der Bauer sagte ihr noch freundliche Worte, und als das Mädchen das Umhängetuch fester um ihren Körper gebunden hatte und langsam, mit jedem Schritte völlig zögernd, in den dämmernden Winterabend hinausgegangen war, atmeten die guten Baumbartleute auf: „Gott sei Dank, daß wir die fortgebracht haben!"

Der muntere Knabe trachtete den Vater bei den Rockschößen wieder in die feierliche Stube zu zerren und rief: „Jetzt mußt du mir die Geschichte von unserer lieben Frau in Bethlehem weiter erzählen!"

„Gehört nicht her da!" sagte der Bauer etwas unwirsch, wußte aber selbst nicht, warum er unwirsch war.

Als es ganz finster geworden und so recht der Frieden der heiligen Nacht über das Dorf ausgebreitet lag, als auch das Aveläuten verklungen war, die Glocken mit ihren letzten Schlägen aber noch anzudeuten schienen: Heute sagen wir nicht: gute Nacht! heute fangen wir noch einmal an! – da hieß es im großen Baumbarthofe plötzlich: „Der Kinigl-Peterl ist da!" Das Knäblein schoß wie ein Pfeil zur Tür hinaus und stand auch schon vor dem wunderlichen Mann.

Der Kinigl-Peterl war ein alter, großer, hagerer Patron, der zu jenen bestgesuchten und schlechtest geachteten Leuten gehörte, wovon jedes Dorf die seinen hat, Leute, die alles können und anfassen, wofür zufällig sonst niemand zuwege ist. Sie sind Strohdachdecker und Brunnengräber, Krankenwärter und Rattenfänger, Obstbaumpelzer und Honigausheber, Kapaunzüchter und Ochsenmacher, und noch viel mehr, kurz: nahezu alles – und darum nichts.

Der Kinigl-Peterl, der mit seinem rechten Namen Peter König hieß, verlegte sich außerdem noch auf die Kaninchenzucht, was ihm allerdings nicht viel zu schaffen machte, denn die Kaninchen züchten sich selber. Er hatte davon manch feines Brätlein und den Namen Kinigl-Peterl. Nebenbei hatte er eine kleine Familie mit einem nicht immer harmonisch gluckenden Weiblein und drei Töchtern, die schon erwachsen waren und zur Sommerszeit vor dem Häusel mitten auf der Straße saßen und mit Sandhäuflein und Steinchen spielten. Es waren die „drei armen Hascher" von Scharau. Ihr Vater hatte denn viel zu schaffen, daß sie zu ihrer geistigen Verkrüppelung nicht auch noch Hunger leiden mußten. Im Häusel sah's wohl arm aus, aber nicht bettelhaft, und der Peterl nahm jede Gelegenheit wahr, sich was zu „verdienen".

Eine solche Gelegenheit zum „Verdienen" war die heilige Weihnachtszeit, da er von Haus zu Haus ging und den Leuten die „Geburt Christi" sang, wofür er eine kleine Gabe erntete. Denn überall beschloß er seinen Sang mit den Worten: „Glück hinein, Unglück hinaus, Gott besegne dieses Haus!"

So stand der Kinigl-Peterl in seiner langbemantelten, hageren, vorgeneigten Gestalt, mit dem kleinen Gesichtl und den weißen Bartstoppeln dran, mit frommen Gebärden, aber fürwitzigen Äuglein – so stand er da an der offenen Haustür; der Schein des Herdfeuers fiel auf ihn und er sang die Geschichte der Einkehr zu

Bethlehem, wie sie eine Stunde früher der Baumbart-Bauer aus der Bibel dem Knaben erzählt hatte. Nun kam der Bauer und legte sich aus dem Beutel zwei Silberzehner in die hohle Hand zurecht, denn das christliche Singen nach altem Brauch gefiel ihm gar wohl, und das Almosengeben schien ihm heute recht stimmungsvoll; es kam ihm bedeutend leichter an wie sonst: Nur heraus damit, heiliger Abend ist nicht alle Tag'.

Der Peterl hatte die „Geburt" schier zu Ende gesungen; jetzt war er gerade dabei, wie die römischen Beamten zur heiligen Familie in den Stall treten, um von ihr die Beschreibung aufzunehmen. Da spricht

Der Schreiber: „Sagt an, sagt an, wie des Kindleins Namen ist?"

Der Vater Josef: „Das Kindlein heißt Herr Jesu Christ."

Schreiber: „Sagt an, wie heißt die Mutter fein?"

Josef: „Die Mutter heißt Maria rein."

Schreiber: „Und saget, wie der Vater heißt?"

Josef: „Der Vater heißt der heilige Geist."

Während solcher Zeremonie war aber auf dem Gesichtlein des Peterl keine rechte Andacht zu erkennen. Das gefiel dem Bauer nicht. Er hielt dem Alten die flache Hand mit den Silberstücken hin und sagte: „Du siehst, Peterl, es sind ihrer zwei. Und hab' sie dir geben wollen allzwei. Aber weil du's ein wenig schlampert machst mit der heiligen Sach', so kriegst nur einen." Damit nahm er mit der anderen Hand den einen weg und schob ihn in die Tasche. Den zweiten nahm der Peterl mit einer schönen Verbeugung und sang den Schlußvers:

> „So sei dir, Haus, wohl ehrenwert
> Des Boten letzter Gruß beschert,
> Glück hinein, Unglück hinaus,
> Gott –"

Der Peterl unterbrach sich und sagte recht demütig: „Ich hab' dir zwar das Ganze vermeint gehabt, Baumbart-Bauer, aber ich denk', das Letztere behalte ich für mich selber."

Und schob davon. –

Wie diese Zwei zu solcher Stund' und in der Weise auseinandergingen, hätte man nicht vermutet, daß sie sobald wieder miteinander sollten zu tun kriegen. Und doch schon in derselbigen Nacht.

Als der Baumbart-Bauer vom Mitternachtsgottesdienst nach Hause ging – es war ein heftiges Schneien und Stöbern eingetreten –, und als er an seinem einsam stehenden Heustadl vorüberkam, eilte aus diesem eine Gestalt hervor. Eine lange, hagere Gestalt. Der Bauer rief sie an, was sie im Stadel zu suchen gehabt? Der Kinigl-Peterl war's und der sagte ganz erregt: „Ah, du bist's, der Baumbart! Schau, das ist schon wieder überflüssig, daß eins bei Nacht und Nebel so weit in die Kirchen geht, wenn man das Christkindl auf eigenem Grund und Boden hat. Willst es wissen: da drinnen ist's, da drinnen im Heustadl. Ochs und Esel stehen nicht dabei, drum geh nur geschwind hinein, ich komm' auch bald nach."

Er lief davon. Wie der Alte noch laufen konnte! Im Stadl war etwas zu hören. Der Bauer horchte. Das war ja schier das Schreien eines kleinen Kindes! — Er ging in die alte Bretterhütte, kroch über Stroh und Heu, rief herum, was denn da wäre und war endlich ganz nahe dem jungen Geschrei. Da es stockfinster war, so machte er keinen Schritt mehr weiter, sondern fragte, wer da sei.

Nun antwortete ihm die matte Stimme eines Weibes, wenn er etwa nur aus Neugierde frage, so nenne sie ihren Namen nicht.

„Ist auch nicht nötig", sprach der Bauer, „ich kenne deine Stimme, mir scheint, die habe ich heut' schon gehört. Warum sagst es denn nicht, daß es so mit dir steht?"

„Der Vetter hat mir beizeiten den Riegel vor den Mund und vor die Türe geschoben."

„Wenn ich dein Vetter bin, so wird's mir auch zustehen zu fragen, wer die Schuldigkeit hat, daß er jetzt für dich sorgt; heißt das, wenn du's selber weißt."

„Bauer!" sagte sie und ihre Stimme war kräftiger, „mein Mann ist jetzt beim Militär!"

Warum sie's nicht gesagt hätte, daß sie verheiratet wäre?

Weil sie nicht darum gefragt worden sei. Ihr Mann sei ein Auswendiger (Fremder), und mit so einem hebe man in Scharau keine Ehre auf.

Warum sie jetzt in die Scharau herübergekommen sei?

Weil sie noch vor den Wochen ihre Verwandten besuchen wollte. Die Zeit aber sei Gott bekannt. Die Verwandten hätte sie nun wohl gesehen — jetzt wolle sie Frieden haben.

Da kam schon der Kinigl-Peterl mit einem Laternlicht und mit einem breiten Buckelkorb, wie man solche im Sommer zum Grastragen braucht. Er stäubte sich am Eingang sorgsam den Schnee ab, dann kroch er über das Heu her und hinter ihm kroch sein Weib nach, das schleppte Mäntel und Bettdecken und rief der Mutter mit dem Kinde schon von weitem Koseworte zu, und daß sie nur getrost sein sollten, es kämen ja schon die Hirten mit warmen Suppen und Wollzeug und allerlei. Und der Peterl schlug vor, sie solle das liebe Christkindel nur keck anpacken und damit in den Korb kriechen, dann wolle er sie beide rechtschaffen weich und warm einwickeln und in sein Häusel tragen, wo schon alles bereit sei.

Und als der Baumbart-Bauer merkte, die zwei Häuslersleute wollten sich hier wirklich auf die frommen Hirten von Bethlehem hinausspielen, da schämte er sich und stellte sich bereit, die Arme in sein Haus zu nehmen. Sie aber dankte für die gute Meinung: „Ich bin eine arme Magd und will mit den Hirten gehen."

Sie ging aber nicht, sondern ließ sich hübsch tragen und dankte Gott in ihrem Herzen, daß diese nötenreiche Nacht einen so freundlichen Christmorgen gefunden hatte.

Am Christtage, als die Leute erfahren hatten, was sich Merkwürdiges in der Scharau zugetragen, kamen sie ins arme Häuslein mit Lob und Gaben. Die Gaben für Mutter und Kind, das Lob für den Peterl und sein Weib. Die „drei armen Hascher" standen auch vor dem Bett und schauten das Wunder an. Es war, als ob von diesem ein Strahl ausginge, so verklärt lächelten ihre einfältigen Augen. Und so ist das Wort laut geworden und ist dem Kleinen, der hold heranwächst, der Name geblieben: „Das Christkind von Scharau".

Empor zu Gott

Zur Weihnachtszeit, wenn der tiefe Winter liegt im Gebirge, und die wenigen Häuser, die auf den Höhen oder in den Schluchten stehen, eingemauert sind in Schnee- und Einsamkeit und hoch darüber die nebelumzogenen Wände aufragen, da fällt mir die Geschichte ein von einem andern jungen Priester.

Das war einer der wenigen, die aus wirklicher Neigung den geistigen Stand erwählen; er suchte in diesem Stande weder Versorgung noch Ehre, das hätte er bequemer haben können, denn er war eines reichen Mannes Kind. Er hatte im Hause seiner Eltern eine sehr katholische Erziehung genossen, denn so ist es Sitte bei vornehmen Leuten, und auf solchem Grunde beruht die Macht so manch altadeliger Familie. Aber der junge Hiron hatte unrecht verstanden, er dachte nicht an Sitte und Macht, seine Sinne hatten sich von dem berückenden Wesen des Katholizismus durchdringen lassen, er hatte den Glauben an diese Religion wahrhaft und tief in sein Herz geschlossen. Er erwählte den priesterlichen Stand nicht, um Bischof zu werden oder Kardinal oder „noch was Ärgeres", wie sich bei uns die Bauern ausdrücken, wenn sie „noch was Größeres" sagen wollen. Nein, Hiron wollte Priester werden, um in Demut seinem Gott zu dienen. Die Andacht, das Sichversenken in Gott, der in irgendeiner körperlichen Wesenheit den Sinnen nahegerückt wird, ist ein Genuß, den nur wenige kennen. Nicht eine Aufopferung, sondern ein Genuß. Die Neigung hielt während Hirons Studienzeit an und war noch in ihrer vollen Lebendigkeit da, als er zum Priester geweiht wurde. Er trachtete nicht den Höhen der Gesellschaft, sondern den Tiefen des Volkes zu, und so wurde er von einigen zwar bewundert, von den Seinigen aber schier wie ein mißratenes Kind betrachtet. Das hochwürdige Konsistorium wandte übrigens ein wirksames Mittel an, dem jungen Manne die Passion bestens zu verleiden; es bestallte ihn mit einem Kaplansposten weit draußen in einem Gebirgsdorfe, genannt die Klarau, bei Kleinbauern und armen Waldleuten.

Im Spätherbst, da die kalten Winde niederstrichen von den hohen Bergen und aus dem grauen Nebel schon Schneeflocken tanzten, zog der junge Kaplan in das Dorf ein, wo ihm der alte halbblinde Pfarrer ein etwas kahles Stübchen einräumen ließ, an dem der gute grüne Kachelofen das beste war. Hiron fühlte sich nicht enttäuscht, er hatte sich die armen Leute noch ärmer und verkommener gedacht, als sie ihm in diesem arbeitsamen Bauerndorf mit einer gewissen Ehrerbietung entgegentraten. Er hatte sich die Berge viel höher gedacht, aber nicht so großartig wild und unerschöpflich an Herrlichkeit und Gewalt. All das erhöhte noch seine fromme Stimmung und er freute sich dem Weihnachtsfeste entgegen, dem Gottesdienste in der Christnacht, den er in der schlichten Dorfkirche mit aller Weihe und Herzensseligkeit zu begehen gedachte. Die letzten Wochen des Advents, da der Winter trübe und schwer über der Gegend niedergesunken war, verlebte er, wie einst die Propheten, in stiller Erwartung des Erlösers. Bald werden die nächtigen Glocken klingen und die Menschen zusammenrufen aus Berg und Tal, daß sie vor dem Herrn in Brotesgestalt knien, wie einst die Hirten vor der Krippe.

Das Weihnachtsfest kam und der junge Priester hat es auch gefeiert, aber ganz anders, als er erwartet hatte. Ganz anders!

Der Heilige Abend war ein heiterer Tag; ein reiner Himmel lag still über der stillen Schneelandschaft; um die Mittagszeit troffen die Dächer des Pfarrhofes, und als die scharfen Schatten des Hauses und der Kirche sich weit hinausdehnten auf die glatte, fast glänzende Schneefläche der Wiese, wuchsen an den Dachrändern die Eiszapfen.

Um dieselbe Zeit war's, daß im Pfarrhofe ein Wesen erschien, eines von jener Art, wegen welcher der Gottschöpfer schon manchen Vorwurf hat einstecken müssen. Das Wesen stand anfangs eine Weile im Vorhause, jetzt ängstlich lauernd, ob hinter einer der Türen nicht etwas zu vernehmen wäre, dann wieder stumpf vor sich hinstierend, die längste Weile aber der Katze zuschauend, die auf einer der Bodenstiegenstufen hockte und den Eindringling nicht ohne Mißfallen betrachtete.

Endlich hatte die Haushälterin den Halbkretin – so einer war es – bemerkt und fragte mit sehr vernehmlicher Stimme zur Küchentür heraus, wer man sei und was man wolle!

Der Wartende war über den plötzlichen Anfall so sehr erschrocken, daß er fürs erste nicht wußte, wer er war, und fürs zweite noch weniger, was er wollte. Er war höckerig, hatte einen sehr dicken Hals, ein glattes blasses Gesicht und sah aus wie ein verkommener Junge von zwölf Jahren, während er mindestens wohl über das zwanzigste hinaus war. Er schien sich nun zu besinnen, machte in seiner zerflickten, schlappen Lodenkleidung ein paar schleifende Schritte gegen die Fragerin und sagte mit lallender Stimme etwas vom „Absterben" und machte mit dem Arm eine Bewegung wie der Ministrant, wenn er das Glöcklein schwingt. Die Haushälterin ward daraus nicht klug, und erst als das ganze Gesinde um den Jungen herumstand und ihn begaffte und befragte und seine Späße über ihn machte, zog er mit unsäglichen Umständen aus dem Rocksack ein zusammengeknittertes Papier. Nun sahen sie es: Das gehört dem Herrn Pfarrer.

Auf dem Papiere standen in mühevollen Zügen folgende Worte:

„Hochwürden Herr Pfarrer!

Mein Mann, der Hans in der Scheiben, ist so viel krank geworden und laßt tausendmal bitten um einen Geistlichen, weil's zum Sterben sein wird. Zum Schicken haben wir halt keinen wie den Halterbuben, unsern Blasel, was ein armes Geschöpf ist und nit reden kann, und ich es ihm aufschreibe. Aber den Weg weiß er und bitten um Gotteswillen um baldige Tröstung, sunst muß er *so* fort.

Die Hansin in der Scheiben."

Also ein Versehgang hinein ins Gebirge. Die Scheiben liegt ober auf dem G'scheid, wo man zwischen dem großen Nockstein und der Karwand hinübergeht ins Eistal. Wer gut bei Fuß ist, der geht's in zwei Stunden hinauf. Der Pfarrer ist alt und mühselig, wen wird's treffen?

„Ich gehe ja gern, sehr gern", sagte der junge Kaplan, „zum Abend bin ich leicht wieder hier."

So möchte er eine zweite Kerze in die Laterne tun, riet die Wirtschafterin, daß er auch auf dem Rückweg Licht hätte, der Mond gehe erst gegen Mitternacht auf.

Auch tat das fürsorgliche Weib zu anderen Dingen und kirchlichen Geräten ein Fläschlein Branntwein in den Ranzen, den sie dem armseligen Boten um den Hals hing. Der Kaplan wehrte sich gegen den Branntwein: ob man denn glaube, daß er —

„Nur drinnen lassen!" sagte der Pfarrer und zog die Hand Hirons von dem Ranzen zurück. „Sie kennen das Gebirge noch nicht. Es steht Ihnen ganz frei, bei Predigten und Christenlehren gegen den Branntwein zu Felde zu ziehen, so scharf Sie wollen, es wird sehr gut sein, wenn Sie's tun; aber wenn Sie zur Winterszeit ins Gebirge gehen, so vergessen Sie den Schnapsplutzer nicht; ist's kein großer, so sei's ein kleiner! Ich rate Ihnen gut."

In Winterstiefeln und Pelzhaube, im Chorhemd und in der Stola, halb jägermäßig, halb priesterlich, so machte sich nun der Kaplan auf den Weg. Mit der rechten Hand hielt er das Ziborium, als da ist das Gefäß der Hostie, das ein goldgesticktes Mäntlein um hatte und mit einer roten Schnur am Halse des Priesters befestigt war; in der linken Hand hielt er einen festen Bergstock. Vor ihm watschelte der Blasel mit dem Ranzen, dem Metallglöcklein und der Laterne, in der eine Kerze brannte, weil das Heiligtum vom ewigen Licht begleitet werden muß auf allen Wegen. Von der Zeit an, als der Priester die Hostie in der Kirche aus dem Tabernakel nahm, bis sie am Ende des Dorfes waren, wo die Häuser aufhörten, tönte auf dem Turme eine kleine Glocke.

Der Weg war ein glatter Schlittpfad, und der Bote wackelte leidlich anständig darauf entlang und ergötzte sich an dem Klingen des Glöckleins, mit dem er fortwährend schellte, obwohl niemand mehr zu rufen war, der da niederkniee vor dem heranziehenden Heiland. Es war zu solcher Feierabendstunde jeder schon in seinem traulichen Daheim, der eins hatte, oder bestrebt, sich wenigstens für dieses heiligste Fest in irgendeinem Winkel eins zu schaffen. – Die Sonne beschien nur noch höhere Berge; im Tale, wo der Bach floß, lag in einem leichten Streifen hingezogen blauer Dunst. Aus einer Scharte des hinteren Gebirges schwamm eine Nebelflocke herüber, die sich aber bald auflöste, um einer zweiten Platz zu machen, die etwas weiter an den Wänden vorwärts kam und sich endlich auch löste.

Die beiden Wanderer waren nun auf eine Höhe gekommen, auf der sich das Gebirge in seiner großartigen Gewalt zu entfalten begann. Es hatten sich die Berge zusehends verschoben, die näheren rascher, die ferneren allmählicher, bis sich vor den erstaunten Augen Hirons ein Bild darbot, wie er es nicht hatte ahnen können. Da unten in der Tiefe lag die Klarau, das Dorf mit den sanften Rauchfahnen seiner Schornsteine, mit dem rosigen Blinken seiner Fenster, in denen sich der Sonnenschein auf den Bergen widerspiegelte. Dort und da trollte sich ein geschäftiges Pünktlein über die Gasse, dort und da glitt noch ein Schlitten. Wenn man von unten einen Blick emportut, so glaubt man den hohen Bergen ins Angesicht zu sehen, und es sind doch nur deren Knie, die Vorberge und Ausläufer der Riesen, deren schimmernde Gipfel und dunkelnde Felsriffe erst hier oben dem unerfahrenen Gebirgswanderer ins Auge fallen.

„Du bist groß, o Natur!" sagte nun der junge Priester, „aber siehe, ich habe einen größeren bei mir!" Und er hob das Heiligtum empor, vor dem, wie er mit dem Auge seiner gläubigen Seele sah, der Alpen Riesenhäupter sich nun still verneigten.

Dann schritten die beiden Wanderer fürbaß.

Der Weg, öfter von den Spuren der Rehe und Hirsche und anderen Wildes durchkreuzt, ging stets sachte aufwärts und immer tiefer in die Falten der Wälder und Felsen. In die Klarau sah man nicht mehr hinab. Der Schlittpfad war auch zurückgeblieben, und selbst der schmale Fußpfad im gefrorenen Schnee wurde rauher und holperiger, je öfter er sich zweigte. Von einem solchen Zweigpfad kam ein Mädchen herab, ein blühendes Kind, das übrigens der Bote tüchtig anschellen mußte, bis es begriff, daß es hier zum Niederknien sei. Sie kniete in den Schnee hinein, faltete die Hände und schaute dem Priester so fromm und treuherzig ins Gesicht, als ob er der wäre, vor dem sie kniee. Der Kaplan blickte sie auch an, dann hob er das Heiligtum ein wenig von seiner Brust und segnete sie.

Das Mädchen schlug über sein Gesicht ein Kreuz, dann stand es auf und hüpfte den Weg weiter abwärts. Hiron hätte es vielleicht gefragt, von wannen es komme, wie der Weg gehe, wie weit es noch sei bis hinauf in die Scheiben, endlich wohl auch, wie es heiße, und ob es zur Christmette gehe; aber bei einer heiligen Handlung — und eine solche ist der Versehgang — schickt es sich nicht, daß der Priester mit jemand Worte wechsle, die nicht nötig sind. So sah er nun nur noch die Spuren ihrer Knie im Schnee, dann drückte er den Heiland ans Herz und ging dem Blasel nach. Dieser war in den Steig eingebogen, den das Mädchen gekommen. Der Hochwald hatte sich verloren, jetzt erschien das halbeingeschneite Buschwerk des Alpenrosenstrauches und der Zerben. Die freie, weite Aussicht war längst wieder vergangen, es war eine Karmulde, die von einer schreckbar hohen Felswand niederging. Gegenüber waren kahle Lehnen, mit Felswänden gesprenkelt, und der Schnee an denselben und auf den Kuppen dämmerte schon im kalten Blau des Abends. Über den Himmel zogen sich leichtgewölkte Streifen, die noch im rosigen Scheine waren.

Hiron fragte nun den Blasel, ob sie denn nicht schon bald auf die Scheiben kämen? Er muße mehrmals recht laut fragen, bis jener eine halbe Antwort gab und nach vorn deutete. Sie schritten fürbaß, und wenn sie an einem aufragenden Baumstrunk vorüberkamen, wie hier der Sturm oder der Blitz die einzeln dastehenden Stämme auf Manneshöhe gebrochen hatte, so läutete der Blasel mit aller Macht seines Armes das Glöcklein, als sollten auch die Strünke niederknien, wenn das Sakrament kommt. Der arme Bursche schien sich bisweilen ordentlich gehoben zu fühlen von dem Amt, das er heute trug oder besser, das ihn trug, und der Priester betete zu seinem Gott, er möchte dem armen Wesen so viel Licht und Gebrauch der Sinne zuwenden, als jeder Mensch hienieden nötig hat, um Gott zu erkennen und der ewigen Seligkeit zuzustreben. Er wußte wohl, was der Volksmund sagt: Die Trottel (Kretins) kommen nach ihrem Tode an einen Ort, wo keine Freude und kein Leid ist. Also beraubt der Anschauung Gottes! Das bedauerte der Priester noch am meisten, wenn er den Blasel betrachtete, der die längste Zeit wie müde und halb verloren vor ihm herwankte. Nun kamen sie empor zu einer Bergscharte, hinter welcher Hiron das Haus auf der Scheiden zu erblicken hoffte. Aber dort peitschte ein schneidiger Wind Nebelmassen von den Bergriesen her, die in ihren düster-blauen Schatten aufragten, und deren Zinnen sich im Nebel verloren. Es war eine ganz fremde Gegend, und der Blasel ging über rauhen Steinboden, von dem der Wind den Schnee weggefegt hatte, talwärts. Aus dem Nebel, der sich immer tiefer herabsenkte, begannen scharfe Eisnadeln zu fallen, die an den Wangen brannten, und endlich auch Schneeflocken.

Es war schon ganz dunkel geworden. Der Pfad hatte sich verloren, der Abstieg über das Gestein wurde so steil, daß sie klettern mußten; der Blasel, stets mit dem schellenden Glöcklein am Riemen, kletterte schier besser, als er auf glattem Boden ging; er schien mehr zum Vierfüßler eingerichtet als zum aufrechten Gang. Er tat dabei so munter, daß Hiron schloß, dieser Weg müsse ihm wohlbekannt sein, sie müßten nahe dem Ziele sein. Die Laterne mit der brennenden Kerze hatte Hiron schon früher an sich genommen und sie mit dem Drahthenkel an seinen Arm gehangen, das Gefäß des Heiligtums hatte er mit der Stola fest an die Brust gebunden, so daß er sich mit beiden Händen des Stockes bedienen konnte, und nun kletterte er nach, so gut es ging. Endlich standen sie in einer Engschlucht, wo man nicht mehr weiter konnte.

Der Blasel stand da wie ein Nachtwandler. Der Priester fragte ihn:

„Wo sind wir? Wo ist der Weg?"

Der Bursche glotzte ihn an, fast verwundert, wieso der Geistliche zu solcher Frage käme.

Hiron rüttelte ihn am Riemen des Ranzen: „Unglücklicher Mensch! Tier! Du hast den Weg verloren!"

Der Blasel war zusammengezuckt und stöhnte.

„Wo ist das Haus in der Scheiben?" rief Hiron. „Wo ist das Haus in der Scheiben?" flehte er fast.

Der Bursche deutete mit einer trägen Gebärde, er wisse es nicht.

Jetzt erst sah der Kaplan, woran er war: verirrt, auf sich selbst angewiesen im hohen Gebirge, in der stürmischen Winternacht. Er begann wieder emporzuklettern dort, wo sie niedergestiegen; dann rief er den Blasel, daß er ihm folge, und mußte wieder umkehren, um den zwischen zwei Felsklötzen hockenden Halbmenschen aufzurütteln und mit sich zu führen.

So begannen sie nun herumzuirren, denn die Richtung von der sie gekommen, fand Hiron nicht mehr. Er wand sich durch sprödes Zerbengestrüpp, er kam durch steile Kare, über Schuttriesen in wüstes Gestein. Das heftige Schneegestöber schnitt rauh in sein Gesicht und bedeckte die kahlen Steine rasch mit Weiß, auf welchem der rote Schein der Laterne irrlichtartig hin- und herzuckte. Mit jedem Schritt konnte Hiron in den Abgrund stürzen, mehrmals glitt er aus, einmal rollte er schon gegen ein Bodenloses hinab, daß er dachte: Leb wohl, o Welt, jetzt fahre ich in die Ewigkeit! Da blieb er mit der Schnur des Heiligtums an einem Zerbenaste hängen.

Nun sagte der Priester: „Fast hätte ich vergessen: bist ja du bei mir, mein Gott! Dein starker Arm hat mich gerettet, du hast die Israeliten aus der Wüste geführt, du wirst auch mich. Du hast die Jünger auf stürmischem Meere gerettet, du wirst auch mich. Dräuet ihr Berge, brauset ihr Stürme da oben in den Wänden, bei mir ist der Allmächtige!"

Der Glaube gab ihm Kraft, er raffte sich wieder auf, wand sich fort, immer aufwärts, steil aufwärts, denn das Niedersteigen oder Klettern quer an den Hängen hin war zu gefährlich. Das Licht in der Laterne war verloschen; Feuerzeug war im Ranzen, aber wo war der Ranzen und sein Träger? Hiron rief im Tosen des sich immer heftiger entfachenden Sturmes vergebens nach seinem armseligen Gefährten; er suchte ihn und stolperte endlich darüber. Der Bursche hatte sich in einer Felsrinne hingelegt zum Schlafen. Der Schnee beeilte sich, darüber eine Decke zu weben; es wäre aus gewesen, ohne eine einzige Klage und ohne Schmerz, es wäre ein segenloses Leben vorbei gewesen. Aber Hiron hob ihn auf, stärkte ihn mit Branntwein, schleppte ihn hinan in die Kluft eines Felsens. Wie kam es, daß diese abgehärtete, an die Herbheit des Lebens und des Gebirges gewohnte Natur mit ihrer Kraft schon zu Ende war, während Hiron kaum eine Ermüdung fühlte, obwohl seine Glieder zitterten? Mit dem Burschen war eben nichts, was das Irdische aufgestachelt; mit Hiron war die Angst und der Glaube.

In der Felsenkluft, die vor Wind und Wetter zum Teil geschützt war, gelang es, das verloschene Licht wieder zu beleben. Die Kluft ging tief in den Berg; doch als sie Hiron mit der Laterne verfolgen wollte, erhob sich in der finsteren Tiefe ein Geräusch, als ob allerlei Gezücht aufgeschreckt herumflatterte, an die Wände stöße; eines der Ungetüme schwirrte über Hirons Haupt ins Freie.

Es graute ihm, und doch mußte er daran gehen, sich in dieser Felsenspalte wohnlich einzurichten, denn an ein Weiterkommen war in der brausenden Sturmnacht nicht zu denken. Er brach dürre Zweige der Zerben, die am Hange der Mündung standen, und machte sich damit mühevoll ein Feuer an. Der Blasel kauerte in einer Ecke, kraute mit stumpfer Miene den Schnee aus den Falten seines Lodengewandes, und bald darauf war er eingeschlafen.

Hirons erste Sorge war nun, das Heiligtum an einem geschützten Platz zu bergen. Er entdeckte in der Wand eine Nische, er richtete sie zum Tabernakel her und stellte das Gefäß mit der Hostie hinein. Vor diesem Altar knisterte das Feuer wie eine Opferflamme, und daneben kniete nun der Priester und betete den an, den er aus der Kirche im Tal auf diesen hohen Berg getragen, voll des Glaubens und voll der Liebe, und der ihn hier verlassen sollte? Denn wie war ein Entkommen möglich, da die Winterstürme in diesen Gegenden gewöhnlich tage- und wochenlang währen! Der Sterbende im Haus auf der Scheiben sehnte sich vergebens nach dem Heiland: sind denn dessen Sünden so groß, daß sich der Herr vor ihnen in die Felswildnis flüchtet, wie er einst vor dem Könige Herodes nach Ägypten geflohen ist? — Einst, o du süßes göttliches Kind, warst du auch verlassen in dieser Nacht und mußtest Zuflucht nehmen in einer Felsgrotte bei Bethlehem, und keiner im weiten Land ist heute erkoren zu solcher Hirtenandacht, als ich es bin. —

So dachte Hiron und dann betete er für den Kranken im Scheibenhause, zu dem er den Weg nicht hatte finden können.

Pötzlich hub es über dem Haupte des Priesters an zu schwirren und zu flattern, struppiges Gevögel schoß umher, stieß an die Wände, an die Decke, taumelte auf die Erde nieder, zuckte zur Spalte hinaus und pfiff und kreischte, daß dem Preister vor Grauen der Schweiß auf die Stirne trat. Es waren Falken und Geier, die im Felsen ihre Nester hatten und nun durch den Rauch beunruhigt worden waren. Einer der grauen, zu solcher Zeit halbblinden Habichte stürzte gerade ins Feuer nieder, daß die Funken auseinanderstoben und das Tier lebendig für Hiron zum Christmahl gebraten worden wäre, wenn er es nicht hastig mit dem Stocke aus den Flammen geschleudert hätte.

Aber die Vögel kamen allmählich wieder zur Ruh'. Das Feuer war in ein zuckendes Glimmen zusammengeschwunden; vom Winde, der ununterbrochen um die Wand pfiff, konnte es nicht erreicht werden, nur daß sich bisweilen eine Schneeflocke herein verirrte, um im roten Scheine sofort zu vergehen. Nun kam über Hiron die Erschöpfung; er stärkte sich mit Branntwein, und um sich vor dem Schlafe zu bewahren, in den der arme Genosse so ahnungslos versunken war, und der in solcher Lage so gefährlich werden kann, begann er vom Boden platte Steine loszulösen, um damit vor dem Heiligtum einen Altar zu bauen. Es nahte das Christfest, der Tag, an dem jeder katholische Prister drei Messen lesen soll, die erste davon schon in der heiligen Nacht, zur Feier der Geburt. Unten werden sie bald herankommen aus den Häusern, den nahen und den fernen, mit Fackeln und Laternern der Kirche zu. Bei den alten Hirtengesängen des Volkes wird ein Hochamt gehalten um Mitternacht, so heilig und herzbewegend, wie keines sonst im ganzen Jahr.

Ein heißes Sehnen erfaßte den Priester nach der festlichen Gemeinde, er schaute hinaus in die schwarze, brüllende Nacht, dann ging er wieder zu seiner Arbeit und legte Stein auf Stein, bis der Tisch fertig war. Auf diesen rauhen Tisch stellte er nun das Ziborium, worin die Hostie lag.

Der Blasel schlief und regte sich kaum, Hiron hatte schon früher den Mantel aus dem Ranzen gezogen und den Schläfer damit zugedeckt. Es fiel ihm ein: „Was ihr dem ärmsten meiner Brüder tut, das tut ihr mir!" So kann's ja wohl auch das Christkind sein, das in diesem armen Menschenwesen schlummert auf kaltem Stein! Je länger er den Schläfer betrachtete, je wärmer wurde sein Herz, je lebhafter der Wunsch, diesem geringen, von aller Welt mißachteten Menschen, der schuldlos war und doch wie ein Verwunschener dahinatmen mußte in Dämmerung, etwas Gutes tun zu können. Und so vollzog sich das Wunder, daß Hirons Liebe zum kirchlichen Sakrament sich auf das arme Menschenwesen übertrug.

Dann sank er hin vor den Altar. Er hatte den Heiland gefunden. Es war plötzlich etwas in ihm, das er früher nicht gekannt hatte: eine Ahnung, als sei sein Heiligtum in der Brotgestalt wohl das Symbol des Höchsten im Himmel und auf Erden. Das Höchste aber sei die Liebe. Empfinden und Denken, das sich sonst einzig nur der Hostie zugewendet hatte, ging nun über auf den ärmsten seiner Brüder. Die Angst und Not hatte sein Herz geöffnet, und aus dem Priester war ein Mensch geworden.

Hiron wachte vor dem daliegenden Halbkretin, zog ihm nach jeder Bewegung desselben immer wieder den Mantel zurecht, hob sein struppiges Haupt und legte den Ranzen darunter als Kissen, machte wieder frisches Feuer und trachtete den Rauch abzulenken, wenn solcher hinqualmte gegen den Schläfer. Das hielt ihn selbst warm, das beruhigte ihn, erfüllte ihn mit Zuversicht.

So vergingen Stunden und Stunden, und von Glocken, die im ganzen Lande klingen mochten, drang kein Ton empor zur Krippe in der Felsenkluft, und von den Weihnachtslichtern, die wie ein feuriger Gürtel den Erdball umkränzten, grüßte keines hinauf in die Wolken der Alpen. Plötzlich jedoch war etwas, vor dem Hiron erschrak. Er war ein paar Schritte nach vorwärts getreten, um in die Finsternis hinauszuschauen, da stand vor seinem Auge in den Lüften ein rotleuchtendes Halbrad, es war der aufgehende Mond, den die hinfliegenden Nebelmassen jetzt enthüllten, jetzt wieder verdeckten. Es war zu sehen, als ob der Mond im Bogen fliege, von einer gewaltigen Hand in die Nebel hinein- und in den Himmel emporgeschleudert würde.

So ist in dieser seltsamen Christnacht unser Hiron das tiefe menschliche Elend und die Erhabenheit der Schöpfung inne geworden, und so waren ihm auf diesem Sinai zwei Gesetztafeln erschienen: Du sollst den Herrn schauen in seinen Werken und deinem Nächsten Gutes tun!

Im Hause auf der Scheiben, das unten in einer geborgenen Niederung stand, umgeben von Wald und Matten, war schon seit Nachmittag der Tisch gedeckt mit weißem Tuch, und vor dem Kruzifix auf demselben brannten zwei rote Kerzen. Daneben im Strohbett lag der alte Hans und hatte die schmalen Hände gefaltet über der schwer wogenden Brust. Seine blutlosen Lippen bebten. Auf seiner Stirn standen große Tropfen. Es war die Angst vor dem Sterben. Er war alt und gebrochen genug dazu, er sah das selber, es verlangte ihn auch nicht mehr länger nach dieser Welt, und wenn er daran dachte, wie nach dem langen Leben voll Arbeit und Kummer sein Leib nun bald rasten würde in der Erde, so tat ihm dieser Gedanke völlig wohl. Auch ins Abschiednehmen wollte er sich ergeben, denn sein Weib war alt und mußte ihm bald folgen. Sollte sie noch ein paar Jährchen zu bleiben haben, so war vom Waldherrn für sie mit einer kleinen Pension gesorgt. So weit hatte er's doch gebracht, der Hans, das war sein Denken und Arbeiten gewesen fünfzig Jahre lang, daß er versorgt sei für die alten Tage.

Aber das Sterben hatte einen andern Haken, einen ganz andern! Der ewige Gott ist gütig und barmherzig, solange der Mensch noch auf der Welt ist, aber in der Ewigkeit läßt er mit sich nicht spaßen. Wohl durfte sich der Hans sagen, er war sein Lebtag so weit ein Christ gewesen, daß er die Kirchengebote vorgeschriebenerweise mit Fleiß gehalten. Trotzdem sind außerhalb derselben mancherlei Sachen vorgekommen, die sich der Mensch alleweil zu leicht aus dem Kopf schlägt, auf die aber, wie man hört, der Herrgott ein großes Gewicht legt. Wenn nun der Hans heute oder morgen vor dem Richterstuhl steht, was wird der Herr sagen zur Geschichte mit dem Baum-Peter? Solange er gesund gewesen, hatte er sich immer gesagt: des Peters wegen hast du nur deine Pflicht erfüllt.

Jetzt wollte er sich dasselbe sagen, aber sein Gewissen rief: Nimm dich in acht!

Diese Angelegenheit vor allem möchte sich der Hans in der Scheiben gern vom Herzen wälzen, indem er sie dem Priester erzählen wollte, um von ihm die Lossprechung zu erlangen und als Wegzehrung das Sakrament.

So lag der Hans nun in Bangnis und Erwartung da. Es wurde dunkel draußen vor den Fenstern, die Kerzen brannten nieder und legten einen trüben Schein auf die Stubenwände, und der Priester kam nicht. Das Hin- und Hergehen ist das einzige, worin der Blasel verläßlich ist, es müßte denn sein, daß er sich unterwegs bei einem Tiere verweilte, so wie er einmal einem Eichhörnchen zugeschaut hatte, das einen Baumstamm hinaufgelaufen, und er davor so lange stehen bleiben wollte, bis es herabkäme. Er stand so lange vor dem Baum, bis er schließlich selber nicht wußte, worauf er wartete, und sicherlich bis ans Ende der Welt auf dem Flecke stehengeblieben wäre, wenn ihn nicht ein vorübergehender Halter aus seiner Versunkenheit geweckt hätte.

Ähnliches bedenkend, hub der Kranke zu klagen an, daß er nun gar ohne Priester sterben müsse, er höre die Sense schon rauschen im Grase, und wie sie näher und näher komme und sein Leben abschneiden werde noch in dieser Nacht.

Endlich, als es schon lange finster war, hörte sein Weib draußen im Schnee Tritte, und der Schein einer Laterne zuckte zu den kleinen Fenstern hinein und an den Wänden hin.

„Das sind sie, Gott Lob und Dank, das sind sie!" sagte das Weib und eilte ihnen entgegen hinaus in die Vorkammer.

Die Erwarteten waren es aber nicht: ein kleines kurzhalsiges Männl war's, das mit Stock und Laterne hastig zur Tür hereintrat. Das Weib des Hans erschrak arg. Wer da kam, das war kein Guter, war der einzige und tief verbitterte Feind, den sie hatten auf der Welt. Es war der Baum-Peter.

„Lebt er noch?" hastete er der Frau entgegen.

Diese fiel vor ihm auf die Knie: „Peter, um Christi Leiden und Sterben willen, verschone uns; Peter, du wirst auch ein Erbarmen brauchen in deiner letzten Stund', sei barmherzig, er liegt in Todesangst, er bereut es tausendmal, er hat's gesagt."

„Was bereut er?" fragte der Peter zischend und zog das zitternde Weib in den Winkel, wo eine alte Truhe stand zum Sitzen. „Was bereut er?"

„Du weißt es ja", sagte sie, „du hast es uns oft genug bewiesen, daß du es nicht vergessen wirst, wie dich dazumal der Hans von der Holzmeisterstelle verdrängt hat, weil er's verraten, daß du als Wilderer den Rehbock hättest geschossen im Rulwald. Und bist desweg mitsamt deiner Familie brotlos geworden."

„Denkt er an das? Denkt er daran?"

„Peter!" fuhr sie fort, „gleichwohl deine nachherige Stelle als Vorarbeiter im Eisenwerke zu Sankt Ägydi weit besser ist als die Holzmeisterei, so hast es dem Hans doch hart nachgetragen, was mich freilich nicht wundert, weil er dir jede Anfeindung zehnmal schärfer zurückgegeben hat, wie er schon sein Lebtag ein trutziger Mensch war. Aber sonst nit schlecht, und ist's nit seine Absicht gewesen dazumal, daß er dich um die Stelle bringt; er hat's des Rehbocks wegen nur sagen müssen, weil er ja selb' Zeit im Rulwald Jäger ist gewesen."

„Deswegen geht's nicht mehr her, deswegen", sagte der Peter, „das ist ihm vor zwanzig Jahren schon vergessen gewesen. Aber nachher!"

„Und doch ist die große Feindschaft entstanden zwischen euch, und er hat dir seither viel Kränkung und Unrecht angetan, das ist wohl wahr − er sieht's ein."

„Er sieht's ein", sagte der Baum-Peter ganz leise, und seine Worte waren unglatt und zitterten: „Dank' dir Gott dieses Wort, jetzt kommt's mir leicht an, was ich tue. Schau, ich habe heut' gehört, der Hans wär' im Sterben, da ist's mir eingefallen, wie wir in jungen Jahren gut sind gewesen miteinander, und wie wir uns nachher so unnötigerweis' in die Feindschaft hineingehetzt haben, bei der mir nicht und ihm nicht wohl ist gewesen; 's ist der Heilige Abend, denk' ich, gearbeitet wird eh nicht im Werk, gehst auf die Scheiben und suchst den Hans heim. − Darf ich hinein zu ihm?"

„Wenn du so bist!" sagte das Weib und machte ihm die Türe auf in die Stube.

„Wer ist's denn?" fragte der Kranke heiser; daß es der Priester nicht war, hatte er schon bemerkt.

„Kennst du mich, Hans?" sagte Peter ruhig, „gib mir die Hand."

„Soll das −" stöhnte der Kranke unsicher, „soll das nicht der Baum-Peter sein? Der Stimme nach schier. Weib, zünde ein Licht an."

„Ein Licht?" fragte sie erschrocken, „es brennen ja zwei Kerzen."

„Wird schon so sein", sagte der Hans, „ich bin nicht bei mir selber. Just hat mir geträumt, der Baum-Peter wäre neben mir gestanden da beim Bett. Ei närrisch, *der* kommt nicht zu mir. Es wäre mir lieb, wenn er wollt' kommen, es wäre mir lieb. Ich kann nicht zu ihm."

Der Peter hatte ihn nun schon an der Hand gefaßt: „Ich bin gern gekommen. Hans, wir wollen wieder gut sein miteinander. Alles Schlechte soll vergessen sein zwischen uns, und der von uns zweien zuerst vors Gericht Gottes muß, soll den andern nicht verklagen, und der länger auf der Welt bleibt, soll für den andern beten. Ist es dir recht, Hans?"

„Ich bin einverstanden", sagte der Kranke, von schweren Atemstößen unterbrochen, „Peter, unser Herrgott wird dir's vergelten an Weib und Kind, daß du jetzt zu mir gekommen bist. – Und du", so wandte er sich an seine Frau, „sollst ihm was kochen, er muß hungrig sein, der Peter; den weiten Weg!"

„Wenn mir nur ein Mensch kunnt' sagen, warum der Geistlich' denn gar nit will kommen!" rief sie.

„Ei so, der Geistlich' ist noch alleweil nicht dagewesen?" sagte der Kranke verwundert. „Na, weil ich nur mit dem Peter wieder auf gleich bin! Das Weitere habe ich mit meinem Gott schier hübsch in Ordnung. – Trinken möcht' ich."

Der Baum-Peter reichte ihm den erquickenden Trank.

„Daß *du* mir's tust, Peter", dankte der Hans und befeuchtete die Lippen, „daß *du* mir's tust, so ist's mir eine rechte Wegzehrung."

Sie blieben alle drei beisammen. Im Ofen winselte zuweilen das Feuer. Die Wanduhr ging ihre gleichmäßigen Schritte, als ob sie auf langen Wegen wandelte und nicht über den Steg vom Leben zum Tode. Sonst war alles still. Der Kranke versank in den Schlummer, sie saßen neben ihm. Es war eine bange Christnacht.

Draußen schneite und stöberte es, und es war schon lange nach Mitternacht, als jemand ans Fenster klopfte.

Wer es sei? Was es bedeute?

Ein Mann aus dem Dorfe war's, der fragte durch die gefrorene Glasscheibe herein, ob der geistliche Herr Kaplan da sei?

Um Gottes willen, der wäre gar nicht gekommen.

Dann müsse er sich im Gebirge verirrt haben, denn er sei am Nachmittag mit dem Boten im Dorfe davongegangen und seither nicht zurückgekehrt. Die Leute wären in der Nacht zusammengekommen in der Kirche zur Christmette, der Meßner habe zur Mette geläutet, aber es habe keine stattgefunden, der Herr Pfarrer sei stark unpaß, wie immer, wenn das Wetter umschlage. Endlich sei es laut geworden, der Kaplan sei von einem Versehgang im Gebirge nicht zurückgekehrt, und da wären die Leute eilends aus der Kirche gelaufen, hätten ihre Fackeln angezündet und seien im Schnee und Sturm ausgezogen, den geistlichen Herrn zu suchen. Er, der Berichtende, sei der Scheiben zugegangen und habe seine Fackel wegen der Feuersgefahr da unten in den Schneeboden getaucht. Er wisse nun nicht, wohin sich wenden, denn alle Pfade und Spuren seien schon verschneit und verweht. Eine solche Christnacht hätte er noch nicht erlebt.

Und als er sich so sein Herz erleichtert hatte, ging er wieder davon, zündete unter einer Schirmtanne seine Fackel wieder an und machte sich auf die Suche im unwirtlichen Birg. Da war unter den Leuten ein Mädchen, und das erzählte nun, es sei am vorigen Nachmittag von Schiermoos herübergegangen und habe gesehen, wie der Geistliche und sein Führer nicht den Weg in die Scheiben, sondern den Steig rechts hinan in die Kare eingeschlagen haben.

„Himmel Heiland!" rief hierauf einer, „da sind sie in die Toten Öfen hinaufgeraten!"

Da taten viele einen Schreckruf; die Toten Öfen, so hieß das wilde Gewände, das hinter dem Nockstein wie eine Felsenburg über dieses weite Bergland aufragte.

„Und da hinauf sollten sich der Blasel und der Kaplan verstiegen haben?"

„Und warum hast sie denn nicht zurückgewiesen, da du sahst, sie wollten hinauf?" Diesen Vorwurf machte ein alter Mann dem Mädchen.

„Ja, weil sie gedacht, sie wollten ins Schiermoos hinüber."

Sie eilten jetzt hinan. Sie hatten Schußgewehr und Hörner bei sich, um sich gegenseitig zu verständigen, die Fackeln waren im Nebel und Gestöber nicht weit zu sehen.

Wie lang ist eine Nacht in der Schlaflosigkeit, in der Einsamkeit, in der Bangnis und Gefahr! Da mag wohl der Gedanke kommen: Wenn's Nacht bliebe! Wenn die Sonne nicht mehr erschiene! – Das menschliche Herz verträgt diesen Gedanken nicht. Der Blinde ahnt noch; er sieht zwar das Licht nicht, doch er fühlt es, denn das Licht wirkt nicht allein aufs Auge, es wirkt auf Leib und Seele mit seinem himmlischen Atem. Aber wenn in einer längsten Nacht des Jahres, in der Christnacht, des Ewigen Arm sacht in die Speichen des Weltenrades griffe: Genug! Meine Schöpfung hat ausgelebt und ausgelitten, es soll Ruhe sein! – Und die Sonne stiege nicht mehr herauf! Was würde in den letzten Stunden der Grauen und Schrecken die *Liebe* machen auf Erden? Würde sie milde weinend als sanfte Trösterin von Haus zu Haus gehen? Oder würde sie, rasend geworden, die Menschen würgen und die

Brandfackel schleudern in ihre Wohnungen, damit es wieder licht werde im Tale der Tränen? –

So sann Hiron in seinem Felsentempel; da stieg sein Herz empor die Jakobsleiter des Glaubens.

Endlich erschien in tiefen Fernen unten der Tag. Die Nebel zerstreuten sich oder schmiegten sich in die Schluchten. Wie tausendfach lag das Gebirge entfaltet!

Aus den Zacken eines sehr fernen Gebirgszuges ging die Sonne auf. Hiron erschrak vor ihr. Das war nicht die tägliche Sonne, es war eine ungeheure Glutscheibe, die sich dort emporhob, das ganze Bergrund erfüllend mit unbeschreiblicher Pracht. Hiron sank schluchzend auf seine Knie und konnte nichts stammeln, nichts denken als: O heiliger Gott! –

Als er sich umwendete, war auch die Höhle erfüllt mit Licht. Das Antlitz des armen Schläfers war im Sonnenstrahl fast verklärt und schön.

Erst nach einer Weile konnte er sich an das Erforschen des Abstieges machen. Das war wunderlich! Wie konnten sie da heraufgekommen sein in Sturm und Nacht? Es war steil wie ein Turmdach, und nach einer Seite hin tief senkten sich die Abgründe. Hiron schwindelte. Er wusch sich nun Hände und Gesicht im Schnee, um die Glieder zu erwärmen und sich zu erfrischen. Da war in der Luft plötzlich ein weicher Knall. Das wiederholte sich nach kurzer Zeit, und nun sah Hiron unten im Kar schwarze Punkte sich hin und her bewegen. Anfangs meinte er, es wären Vögel, aber als er gewahr wurde, daß einer und der andere von diesen Punkten von Zeit zu Zeit Rauch ausstieß und diesem Rauche nach etlichen Augenblicken allemal ein Knall folgte, sah er, daß es Menschen waren, die Signalschüsse abließen.

Eilig ging er in die Tiefe der Kluft zurück, um den Blasel zu rütteln. Dieser ließ sich sehr viel Ehre antun, bis er erwachte und sich taumelnd die Augen rieb. Ja, das war einer von denen, die Leben und Sterben, selbst den Jüngsten Tag verschlafen könnten. Nun schaute der Blasel einmal etwas verwundert um sich; es schien ihm nicht ganz wie sonst – doch ließ er es dabei bewenden und biß wacker in das Stück Brot, das ihm Hiron aus dem Ranzen gezogen hatte. Mittlerweile stand der Priester, immer noch in Stola und Chorrock, an der steilen Mündung der Höhle und schellte mit dem Metallglöcklein nach allen Kräften und rief mit lauter Stimme hinab gegen die Leute. Aber der Schall steigt lieber zur Höhe als in die Tiefe, und die schwarzen Punkte bewegten sich schon wieder talwärts. Jetzt zündete Hiron den kleinen Vorrat von Zerbenholz an, den er sich gebrochen hatte, und als nun der

Rauch wirbelte aus der dunklen Felskluft und empor an der Wand, da stieß unten einer den Schrei aus: „In die Toten Öfen schauet hinauf, an der Adlerwand, dort sind sie!"

Es war aber noch nicht gewonnen. Die kühnsten Steiger besannen sich, da emporzuklettern, und einer der Bauern sagte vorlaut: „Die müssen herabgeschossen werden." Erst gegen die Mittagszeit, als in der warmen Sonne der Schnee klebrig wurde, wagten es drei Männer mit langen Stöcken und Seilen und schafften die beiden Verirrten endlich glücklich herab.

Bevor der Priester die Felsenkluft verlassen hatte, fragte er nach dem Hans in der Scheiben. Der war frühmorgens im Frieden entschlafen. So sagte Hiron: „Ich will für ihn meine Christmesse halten in diesem Tempel." Dann kniete er nieder vor dem steinernen Altar, sprach die Gebete, hob die Hostie aus ihrem Gefäß und nahm sie zu sich – nicht als Symbol, sondern kindlich glaubend, empfindend in Brotsgestalt den Allewigen ...

Jetzt erst durfte er die kirchliche Kleidung ablegen. Er hatte sein Amt nach Menschenmöglichkeit erfüllt.

Als er auf dem festen Boden der Niederung stand, kam über ihn endlich die Ohnmacht. Sie mußten ihn laben und auf einer notdürftig geflochtenen Sänfte hinabtragen in die Klarau. Mit Jubelgeschrei wurde er vom Volke empfangen. An den Stufen des Hauses richtete er sich auf und sagte zu den Leuten, die den ganzen Platz bis zur Kirche hin füllten:

„Ich habe Ihn gesehen. Er ist groß und gütig in Ewigkeit. Er ist herrlich!"

Und das war die Festpredigt an demselbigen Christtag.

Hauptmann Alles

Ja, diesen Weihnachtsmorgen vergesse ich nicht. Eben trete ich hinaus in die kalte Morgenröte und schaue hin über die feuchten Schneefelder und denke: Heute ist Christtag, da muß man Gutes tun, und so will ich mir einen guten Tag antun.

Da kommt mein alter Knecht Martin von der Frühmesse daher – er hat heute seinen hochgespitzten Hut mit dem weißen Federbusch auf und sein vergnügtes Feiertagsgesicht an und eine große Zigarre d'rin stecken. Er raucht sonst Pfeifen, aber zu den hohen Festtagen, wenn der Meßner frische Kerzen in die Altarleuchter tut, da steckt sich der Martin zur größeren Ehre Gottes eine Zigarre in den Mund. Kann's aber nicht recht, zieht zu oft an, nebelt zu stark, nimmt sie dann nach jedem zweiten Zug aus dem Mund und spuckt die Tabakblättchen aus, die ihm an den Lippen kleben geblieben sind. „Guten Morgen", sagt er jetzt zu mir, „aber in der Stadt geht's heut' zu!"

„Aha, sind die Wirtshäuser schon voll?" war meine Frage.

„Wäre schon recht", antwortete mein Martin, „die Wirtsstuben sind leer und alle Türen haben sie offen gelassen. Die Leute umstehen das Kranzbäckenhaus. Im Kranzbäckenhaus hat sich in der Nacht was zugetragen."

Auf diese Worte tat der Schalk, als wollte er weitergehen. Ich hielt ihn nicht zurück, und da er das merkte, blieb er von selbst wieder stehen und sagte:

„Der Herr soll mit ihm gestern spät in die Nacht hinein ja Karten gespielt haben?"

„Mit wem?" frage ich nun.

„Mit dem Hauptmann."

„Was ist's mit dem Hauptmann?"

„Das erfährt man nicht. Ich bin während der ganzen Frühmesse vor dem Haus gestanden und habe gesehen, wie die Weiber ein- und auslaufen und hinter sich allemal das Tor verriegeln. Eine hat gesagt, wir Leut sollten auseinandergehen und zusehen, daß uns selber die Gnad' Gottes nicht verlasse. Sonst erfährt man nichts."

„Was muß das sein, wenn's den Weibern die Stimme verschlagen hat!"

„Im ganzen Kranzbäckenhaus", fuhr mein Martin fort, „soll man noch die Schießbaumwolle riechen, sagen die Leute. Ich bin gegenüber auf das Wagenschuppendach gestiegen, aber man sieht nicht hinein; im Zimmer, wo der Hauptmann gewohnt hat, sind die Fenstervorhänge herabgelassen."

Das war mir just genug. Ich eilte sogleich ins Städtchen. – Sollte er's denn wirklich vollbracht haben? Wir hatten am Abend zuvor das Wort für einen derben Scherz gehalten; in der Nacht, da ich schlaflos auf meinem Bette lag und die Christglocken klingen hörte, fiel es mir aber plötzlich ein: Dieser Mensch ist alles imstande.

Unter den Sonderlingen des Städtchens war mein Hauptmann das Prachtexemplar. Mit seiner Jugend soll es ganz regelmäßig zugegangen sein. Er war ein Soldatenkind, wurde selbst Soldat und war demnach auf jener festen Bahn, auf der man nie entgleisen kann, in seinem neunundzwanzigsten Jahre Hauptmann. In seinem dreißigsten hatte er das Mißgeschick, eine unvorhergesehene, sehr namhafte Erbschaft zu machen. *Vor* dieser Erbschaft — das versteht sich — war das Soldatenleben ein Glück für jeden, den es traf; es kräftigte Körper und Charakter; Pünktlichkeit, Gehorsam, Mut, Ritterlichkeit, und was weiß ich, lernte man nur beim Militär. Nach der Erbschaft war es plötzlich ein Knechteleben, ein Hundeleben — jeder ein Narr, der weggehen kann und es nicht tut. Hauptmann Alles wurde ein freier Mann und wandte sich den schönsten Seiten der Welt zu. Manche freie Stunde hatte er sonst mit Zeichnen, Farbenstudien, Musik oder anderen Künsten verbracht, jetzt wurde er Maler. Er wurde es so plötzlich, als man Staffelei, Leinwand, Farben kaufen und bereiten kann. Die braune Sammetjoppe war auch da, nur das Wachsen des Knebelbartes konnte mit der Vollendung des Meisters nicht gleichen Schritt halten. Und als die Freunde kamen und schauten, war es eine blendende Farbenpracht, und in den Blättern war die Rede von der edlen Komposition, von der Wärme des Tones, von dem harmonischen Zusammenstimmen, als handle es sich um eine Symphonie, und es war Meisters Ahles' Gemälde gemeint. Da dachte Ahles, wenn das schon auf der Leinwand so fein komponiert, so warm im Tone, so harmonisch zusammenklingend ist, um wie viel besser noch läßt sich das in einem Musikstück machen. Und er komponierte eine Oper. Von dieser sagten seine Freunde, sie wäre bei der Unvollkommenheit unserer Opernbühne, bei dem Mangel an bedeutenden Sängern heutigestags absolut nicht aufführbar. Während nun der Meister auf einen fürstlichen Mäcen wartete, der ihm die Aufführung ermöglichen sollte, vertrieb er sich die Zeit mit Poesie. Er schrieb ein großes Werk, um das sich alsogleich zahlreiche Verleger bewarben — der Autor bezahlte nämlich im voraus bar den Druck.

Trotz alledem war dem Meister nicht wohl zumute. Anfangs hatte er keinen Tadel zu ertragen vermocht, allein das vorlaute, unbedingteste Lob, mit dem sie jetzt alles ohne Ausnahme, was von ihm kam, überschütteten, war ihm auf die Länge schier noch unangenehmer, ja nachgerade verdächtig. Eines Tages sagte ihm sein rücksichtslosester Freund: „Mir tut's weh, lieber Moritz, dich fortweg hänseln zu sehen. Laß das mit dem Malen, Komponieren und Dichten, du bist der Mann für etwas anderes." Eine Weile nach diesem undankbaren Freundschaftsdienste führte der Hauptmann seine Liebhabereien noch fort, und zwar dem Freunde zum Trotz mit großtuerischem Wesen. Plötzlich jedoch verschleuderte und verschenkte er all seine Requisiten und Instrumente und kaufte sich in entlegener Gegend ein großes Landgut. Er verschrieb sich eine Anzahl landwirtschaftlicher Werke und fing an, genau nach solchen Lehren seine Wirtschaft zu betreiben. Er war glücklich über die Entdeckung, daß er ein genialer Landwirt sei. Die Kleinbauern um ihn her wagten es anfangs, seine neuen Methoden zu bezweifeln, indem sie sagten, daß eine Kappe nicht für alle Köpfe passe, und daß man die Gegend, das Klima und den Boden kennen und berücksichtigen, wenn man die Wirtschaft ertragsfähig machen wolle. Der Hauptmann ignorierte den verrosteten Sinn der fortschrittfeindlichen Nachbarn und arbeitete nach den allgemeinen Anleitungen der Fachgelehrten. Sonst aber gefiel der Mann den Bauern, er hielt mit ihnen, war stets nachbarschaftlich und uneigennützig, erleichterte ihnen den nötigen Verkehr mit der Außenwelt, indem er Roß und Wagen auf den Straßen hielt und Personen, auch oft kleine Warenladungen unentgeltlich beförderte. Auch nahm er sich in Steuerangelegenheiten ihrer an, bemühte sich, ihre Söhne dem Soldatenleben zu entziehen, und er sagte, wenn das Volk einmal die Soldaten verweigere, dann höre auch die Steuerplage auf. – Das war ihr Mann. Bei einer nächsten Wahl machten sie Herrn Ahles zum Abgeordneten.

Bei der ersten Sitzung verhielt sich der Gutsbesitzer im Parlamente ganz ruhig; es handelte sich um einen Zollvertrag. Er hörte die Vorschläge, ohne dafür oder dagegen zu stimmen, zum Schlusse aber bat er ums Wort. Er stellte folgenden Antrag: Es sei ein Zirkular an alle Fürsten der Welt zu erlassen, in dem sie gebeten würden, sich gegenseitig zu vereinigen, sich friedlich miteinander zu vertragen und ihre stehenden Heere zu entlassen. Er, der Antragsteller, glaube, daß sich keiner der hohen Herren weigern werde, diesen zu Gunsten eines jeden aufgestellten Vertrag eigenhändig zu unterschreiben.

Die Versammlung stutzte über diesen Spaß, den sich nach ihrer Meinung das neue Parlamentsmitglied an so ernster Stelle erlaubte. Als sie aber den ganzen Ernst des Redners sah, da gab's Gelächter. Während die Glocke des Präsidenten zur Ruhe klingelte, trat Herr Ahles zornig von seinem Sitze ab und wurde im Hause nicht mehr gesehen.

Nach dieser Zeit verlegte er sich mit großer Passion auf die Zuckerrübenkultur und erbaute auch eine Tuchfabrik, zu deren Zweck er eine große Schäferei anlegte von friesischen und englischen Schafen, die eine recht lange Wolle hatten.

Mittlerweile war seine Feldwirtschaft glücklich so tief herabgekommen, daß Ahles, dem man wegen seiner Allseitigkeit den Spitznamen „Alles" gab, daran die Freude verlor. Er suchte sich nun für seine Sorgen und Mühen zu zerstreuen, indem er in den Städten umherfuhr und das Leben genoß. Endlich kam er in unser kleines Landstädtchen, das nicht allzuweit von seinen Besitzungen entfernt lag, und in dem er sich beim Kranzbäcken ein Zimmer mietete. Er hatte das Bedürfnis, jemand zu sein. Er hatte allerlei Erfahrungen, hatte noch immer Geld, so wollte er noch einmal widerhallen. Das Städtchen war just klein und groß genug dazu, daß ein Mensch, wie der Hauptmann, darin seine überlegene Rolle spielen konnte. Er förderte Gesellschaften, die sich von ihm begasten und unterhalten ließen; er gründete Vereine, die ihn zum Präses machten, er veranlaßte öffentliche Wohltätigkeiten, und es erschien keine Nummer des Wochenblattes, die nicht preisend seinen Namen nannte. Daneben fand der noch immer als Garçon lebende Mann auch noch Zeit, den Frauen ein feiner Ritter zu sein. Er war der aufmerksamste Kavalier und versäumte keine Gelegenheit, den Damen gefällig zu sein, ihnen etwas Verbindliches zu sagen, sie zu verteidigen, wo es einen lustigen Strauß gab, ihnen Blumen zu pflücken, von denen er auch immer selbst im Knopfloche trug. Es fiel im Städtchen von schöner Hand kein Batisttüchlein zu Boden, das der Hauptmann nicht auf die galanteste Weise aufhob. Dazu war er ein schöner Mann, der sich den in seinen diplomatischen Tagen gegründeten Backenbart wieder wegschnitt, den Schnurrbart spitzte, sich wieder gerne Hauptmann nennen ließ, und der sich mit seiner Landwirtschaft nur insofern abgab, als er monatlich ein gut Stück Geld in sie hineinsteckte und täglich herzhaft auf sie losschimpfte.

Aber auch in diesem harmlosen Städtchen gab es Leute, die eine so schöne segensreiche Existenz allmählich zu untergraben suchten. Es erwuchsen gesellschaftliche Zirkel, die ohne Hauptmannsspäße bestanden, Vereine, in denen der Hauptmann nicht Präses war, Wohltätigkeitsvorstellungen, die der Hauptmann nicht anordnete, Wochenblattnummern, die den Namen des Hauptmanns nicht oder leise spottend nannten, und es gab Frauen, die seinen Aufmerksamkeiten in sehr kühler Weise dankten und sie hinter seinem Rücken in sehr warmer Weise belächelten. Nur eines mußten ihm auch seine Feinde nachsagen, nämlich, daß er ein Mann sei in den besten Jahren. Aber sie setzten dazu, daß es traurig sei, wenn ein Mann in den besten Jahren soweit fertig ist, daß er die Zeit in Wirtsstuben mit Knasterrauchen und Kartenspiel zubringt.

Und fürwahr, es war soweit gekommen; der Hauptmann Alles saß mit verlotterten Spießgesellen in den rußigen Schenken, und so verbrachten wir die Winterabende mit Trinken, Rauchen, Knurren und Karteln. Seine Laune war nicht die beste, und außer, daß er bisweilen einen warmherzigen Fluch ausstieß, wenn ihm ein sehr schlechtes oder ein sehr gutes Blatt zufiel, war er wortkarg. Er trank dabei alten Wein, lud uns aber selten mehr zu seinem Trinken, wie er es früher gewohnt war. Gegen die Weiber war er etwas süßsauer geworden, und als uns am Christabende die stets heitere Wirtin einen Teller mit Früchtenbrot auftischte, das sie eigenhändig gebacken hatte, schob er den Teller unwirsch zurück und brummte, es möge jeder die Früchte seiner Taten selber genießen. Um so mehr sprach er dem Weine zu; wir anderen ließen uns auch den Lieblingstropfen holen, und so war der Abend recht leidlich vergangen. Auf einmal legte der schweigsame Hauptmann seine Karte auf den Tisch und sagte: „Es wird das Ersprießlichste sein, wenn ich jetzt nach Hause gehe und mich totschieße."

Wir taten einen freundschaftlichen Lacher, obwohl jeder von uns denken mochte, daß ein so schaler Spaß eines so prächtigen Lachers eigentlich nicht wert sei. Wir spielten nicht weiter, denn wir hörten die draußen im Schnee knarrenden Tritte der nächtigen Kirchengänger. Wir standen auf und gingen auseinander. –

Während ich mir nun die ganze Geschichte so ins Gedächtnis gerufen hatte, kam ich ins Städtchen und vor das Haus des Kranzbäcken. Die Leute hatten sich verlaufen, ich ging den geradesten Weg in die Wohnung meines Zech- und Spielgenossen. An der halbangelehnten Tür derselben stand eine alte Frau. Dieses Anzeichen war schlecht; aber die alte Frau machte eine wichtige, nicht gerade trübselige Miene und dieses Anzeichen war gut. Sie deutete mit der Hand, welche ein Milchtöpfchen hielt, gegen die Türe und flüsterte, ich möge nur eintreten, aber nicht allzuviel kalte Luft mit durchlassen. Ich tat's; das Zimmer war dunkel und still – meine Augen suchten den Hauptmann. Endlich fanden sie ihn, er saß unweit des Ofens in einem geborgenen Winkel, rauchte die lange Hauspfeife und schaute auf ein Ding hin, das in seinem Bette lag, sehr sorgfältig verwahrt, und das bei näherer Besichtigung auf der weiten Welt nichts anderes war als ein neugeborenes Knäblein.

„Hauptmann!" rief ich.

„Halte dein Maul!" pfauchte er.

Allerdings, das Christkind schlummerte. Und das Angesicht des alten Kerls mit dem Schnurrbart schmunzelte. Mein Seel', das war ein redliches Schmunzeln − der Mann kam mir noch niemals so schön und gut vor als jetzt mit diesem Angesichte, das der Rauch umwölkte und in dem die zwei Augen leuchteten wie Sterne der Christnacht.

Jetzt trat die alte Frau zu ihm, fragte bescheidentlich, ob er bei Troste sei, und nahm ihm die Pfeife vom Munde weg. Nun hatte aber dieser Hauptmann die gottlose Gewohnheit, immer etwas vor den Lippen haben zu müssen; als ihm das Pfeifenrohr weggenommen wurde, neigte er sich hin und küßte das Kindl.

„Der Bursch' ist mein!" rief er dann, und hat es mir begründet.

Hat hernach auch das weitere erzählt. Er war in der Nacht nach Hause gegangen mit dem festen Vorsatze, einmal in seinem Leben eine wirkliche Tat zu üben, nämlich zu sterben, bevor er noch weiteren Unsinn begehe. Da fand er in seinem Zimmer die alte Frau, sie legte ihm etwas in die Arme und sagte: „Da bringe ich dem Herrn ein Christkindel. Der Kleine wolle sich an den Vater halten, dem gehe es besser als der Mutter; die Mutter käme auf Wunsch auch nach.

Was ließ sich dazu sagen, was ließ sich machen?

Alsbald verbreitete sich das Gerücht, daß in der Stube des Hauptmannes etwas Absonderliches, Geheimnisvolles sei, und am Morgen versammelten sich vor dem Hause die Leute, zu denen die alte Frau dann sagte, sie sollen auseinandergehen und sich selber vorsehen. Nach wenigen Wochen kam auch die Mutter − ein armes, aber schönes blasses Weib, und nun war zum Totschießen keine Zeit und kein Verlangen mehr. Der Hauptmann zog mit Weib und Kind auf sein Landgut. Die Häuslichkeit mit ihrer Liebe und ihren Sorgen hat seinem zerfahrenen Leben endlich Inhalt und Wert verliehen.

Seit jener Zeit ist das fünfte Weihnachten vorbei. Hauptmann Alles hat der Welt nicht mehr Anlaß gegeben, seiner zu spotten.

Anfechtungen und Spielzeug

Der verhängnisvollste Irrtum des Menschen ist, wenn er sein Kind mißkennt.

Ich zittere vor diesem Verkennen und verbringe manche stille Stunde der Nacht mit Nachdenken, wie ich es denn anstellen solle, dem Kinde das Seine zu geben.

Der kleine Mensch braucht wohl auch in geistiger Beziehung dieselbe Nahrung als der erwachsene, aber in anderer Form. Jedoch kann man hierin nicht vorsichtig genug sein. Manche Dinge, die wir in dieser besten Absicht für Kinder anwenden, sind für Kinder nicht geeignet; manches, was wir ihnen als Ernst entgegenstellen, ist uns ein Spiel, bei dem wir uns ergötzen, ohne zu ahnen, welch' Unheil es in den Kleinen stiftet.

Das Christkind, welches am Weihnachtsabende die Gaben bringt – ich habe darüber meine eigenen Gedanken. Die Täuschung ist so holdselig, aber die Enttäuschung muß denn doch etwas früh eintreten, vielleicht bevor noch das Kind imstande ist, das Christkindlein mit den roten Wangen und dem goldenen Haar in den Begriff opferfrohe Liebe zu übersetzen.

Der Christbaum hat auch noch einen anderen Haken, den ich nebenbei aufzeigen muß.

Da habe ich in einer bekannten Familie dem Christbaum beigewohnt. Es war nur ein Kind da, ein Knabe von dreieinhalb Jahren. Na, dem armen Jungen haben sie den Himmel ordentlich heiß gemacht. Das geht nicht bloß bei der Hölle, es geht auch beim Himmel. Eltern, Großeltern, Tanten, Onkel und Hausfreunde hatten dazu redlich beigetragen; bin ich doch selbst mit einem hölzernen Schaukelpferd gekommen. Gewünscht hatte der Kleine sich einen Baukasten. Wochenlang vorher sprach er vom Baukasten, träumte er in der Nacht vom Baukasten und betete sein tägliches Vaterunser, daß ja das Christkind den Baukasten bringe.

Nun war die Stunde da. Die Doppeltür ging auf, ein Christbaum mit hundert Kerzchen, zweihundert goldenen Nüssen, Herzen, Sternen, strahlte jenes silberne Dämmerlicht, das diesem Baume eigen ist, durch das Zimmer. Der Knabe hatte keinen Blick für den Baum, er stürzte auf einen Handwagen zu, der vor dem Tische stand und mit dem er sofort ein Fuhrwerk versuchen wollte. Aber schon ließ er den Arm sinken, um ihn nach dem Hampelmann auszustrecken, der von einem Aste niederhing. Dieweilen sah er auch schon ein kleines Spinett, auf dem er einige Tasten anschlug, während ihm mein Reitpferd ins Auge fiel. Im nächsten Augenblicke saß er darauf und schaukelte. Aber schwupps war er wieder auf den Füßen, denn er hatte den Baukasten erblickt. Mit solcher Hast riß er den Deckel auf, daß die Bausteine zu Boden kollerten. Er hatte nicht Zeit, sie zu sammeln, denn sein Auge war auf eine Arche Noahs gestoßen, die breit und ruhig, wie auf dem Berge Ararat dastand, mit ihren Tigern, Lämmern, Hirschen, Affen, Krokodilen und Elefanten. Natürlich heischten diese Tiere persönliches Eingreifen. In wortloser, zitternder Hast, ein fieberhaftes Glühen in den Augen, wurde der Kleine so von einem Gegenstand zum andern gerissen. Daß das Kind gar vielleicht einen frommen dankbaren Blick auf den leuchtenden Christbaum legte, daran war nicht zu denken. Denn während der Knabe kaum das Bilderbuch erblickte, sah er auch schon den kleinen Eisenbahnzug, und dann die Trompete und dann die funkelnde Pickelhaube mit dem dazu gehörigen Säbel. Dann erst die Bleisoldaten. Mit jedem dieser wunderbaren Dinge wollte er sofort anbinden, doch während er einige Schläge auf der Trommel tat, winkte wieder das Pferd, die Arche Noahs und so weiter. Und so wurde das arme Kindesherz gehetzt von einem zum andern, bei keinem war ein Verbleiben, und selbst wenn der Knabe ein paar Minuten mit den Tieren spielte, schob der Onkel den Eisenbahnzug vor, blies der Großvater in die Trompete, und jedes war bestrebt, zu gleicher Zeit alles vor dem Kleinen zu entfalten — so daß er, als die Schlafstunde kam, nur so verwirrt hintaumelte, überreizt und doch ungesättigt zu Bette gehen mußte, um einen unruhigen Schlummer zu tun.

Nun hockten die Alten bei der Bescherung da und schauten sich an. Ob sie dabei auch etwas gedacht haben? Mir wenigstens wurde es erst am nächsten Tage klar, wie dumm und herzlos der ganze Trubel gewesen war. Weinen hätte ich mögen, so bitter hat mich das beschenkte *gehetzte* Kind erbarmt. Wie schön, wie süß und freudenreich wäre der Christabend gewesen, wenn es seinen Baukasten bekommen hätte und sonst nichts! Nichts, das es gestört, beunruhigt, abgelenkt hätte von der behaglichen Kindesfreude. Aber nein, kistenweise muß ihm das Christbaumglück vorgeschüttet werden, damit auch dieses sonst so liebliche Glück an sich selbst ersticke. Dasselbe wiederholt sich im Kreise einer so barbarisch liebenden Familie zum Geburtstag, zum Namenstag und zu Weihnachten alljährlich wieder. Ja, so erzieht man die Kinder! Erzieht sie zur Gier, zur Oberflächlichkeit, zur Ruhelosigkeit, zur Nervosität. Nur nicht zur Freude.

Verfolgen wir die Sache weiter. Bedenklich scheint mir auch das Spiel, welches man in manchen Gegenden mit den Kindern am Nikolausabende zu treiben pflegt. Ich meine nicht den „Bar-

tel" oder den „Knecht Ruprecht", oder wie der Popanz sonst heißen mag, der die Kinder erschreckt und manches schon zu Tode
erschreckt hat. Hier liegt der Unsinn so augenscheinlich da, daß
es überflüssig ist, davon zu sprechen. Gefährlicher scheint mir der
gütige fromme Nikolo.

Als meine älteren Kinder in ihrem fünften und sechsten Jahre
waren, hatten wir uns eines Adventsabends in der Stube versam-
melt und trieben lustige Kurzweil, und die Kleinen umschwärm-
ten und neckten den lachenden Vater wie zwei muntere Kobolde
und hüpften und jauchzten dabei − im Kindesherzen ist ja eine
solche Hochflut von Lebenslust, daß sie ohne weiteren Anlaß
überschäumt. − Und wie es gerade am lustigsten ist, hören wir
draußen ein Klingeln und Klopfen. „Wer ist's noch so spät? Nur
herein!"

Und niemand Geringerer kommt, als ein Bischof in dem weißen Talar und der zweispitzigen Mütze, ein gebückter, langbärti-
ger Greis mit goldenem Stabe. Mit gröhlender Stimme − man
verstand ihn kaum − fragte er nach den Kindern. Diese standen
still wie zwei Schneemännchen neben mir, und da nach ihnen be-
gehrt wurde, traten sie zu ihm hin. Der alte Mann stellte sich vor,
er sei der himmlische Bischof Nikolaus und hätte eine Reise auf
die Welt unternommen, um brave Kinder aufzusuchen und zu
beschenken. Er fragte sie dann, ob sie brav wären? Das Mädchen
beantwortete die Frage mit ziemlicher Zuversicht, der Knabe mit
einiger Zurückhaltung, worauf der Bischof zu wissen verlangte,
ob sie schon was gelernt hätten? Sie stellten sich aufrecht vor ihn
hin und sagten ein Gedicht auf, wobei ihm das Mädchen mit unbeschreiblicher Treuherzigkeit ins Auge schaute, während der
Knabe nicht ohne Vorwitz das himmlische Kleid musterte.
Schließlich versprach der heilige Nikolaus, in der Nacht durch
seinen Boten den Kindern etwas zu schicken. Er war überaus milde und leutselig, dabei auch sehr salbungsvoll, wie er es bei irdischen Bischöfen gesehen haben mochte, legte den Kleinen noch
segnend die Hände auf das Haupt und schwankte zur Tür hinaus.

Als er davon war, lispelte mir der Knabe ins Ohr: „Ich habe ihn
wohl erkannt − es ist der Butten-Seppel gewesen."

„Aber Kind!" rief ich, „was dir nicht einfällt!" Das Wort wollte
ich auch wieder einmal lieber nicht gesagt haben.

Der Butten-Seppel, der in einem Nebenhäuschen wohnte,
zeigte sich später, er war in seinem gewöhnlichen Kleide. Ich erzählte ihm sogleich, daß der Nikolo da gewesen sei, ob er ihn
nicht auch gesehen hätte? Er wußte gar nichts davon und war sehr
verwundert; die Kinder lugten ihn so etwas unsicher an. − Als sie

in ihren Bettchen waren, ihre Schühlein am Fenster standen, bereit, die Gaben des Nikolo anzunehmen*, und als im dunkeln Zimmer schon die Stille der Nacht herrschte, nur ich noch in einem Winkel saß, glück- und sorgenvoll auf die Bettchen hinblickte und glaubte, die Kinder wären schon eingeschlafen — sagte der Knabe auf einmal: „Und ich hab's doch gewußt, daß es der Butten-Seppel ist!" Darauf hob sich das Mädel in die Höhe und lispelte: „Ich hab's auch gewußt. Aber wenn man das sagt, so kriegt man nichts."

Ich war um eine Erfahrung reicher. Was mich aber von dieser Zeit an besonders nachdenklich machte: wenn ich oder die Mutter den Kindern etwas erzählten, fragten sie häufig: „Ist es wahr?"

Der „Nikolo" hat ihnen das Mißtrauen eingelegt, hat ihnen den Vorteil der Heuchelei gezeigt. Der Mann kam nicht vom Himmel!

Eines Tages machten die Kinder einen Besuch bei einer bekannten Familie. Dort wurden ihnen allerlei Nippsachen zur Spielerei vorgelegt. Als sie wieder zu Hause waren, zog der Sepp plötzlich ein Engelchen von Porzellan aus der Rocktasche und rief: „Ei, wie kann denn das sein, jetzt ist mir das Engerl in den Sack geflogen! Dort im fremden Haus habe ich mit ihm gespielt."

Ich erschrak, ohne eigentlich zu wissen, warum. Ich ließ mir den Hergang so genau als möglich erzählen, ich nahm das Kind in strenges Verhör, aber — mir fiel ein Stein vom Herzen — der kleine Inquisit widersprach sich nicht im geringsten. Sie hatten dort mit dem Engelchen Verstecken gespielt, einmal verschwand das Engelchen, einmal war es wieder da. Es war so ein kleiner Tausendsasa: Warf man es in die Luft — husch, weg war es und aus einem Rockärmel schlüpfte es wieder hervor; sperrte man's in den Nähkorb der Hausfrau, so guckte es gleich darauf ganz munter aus dem Rocktäschchen des Knaben. So ging's eine Weile unter dem Jubel der Kinder — auch anderes kam dazwischen, was nicht minder lustig war — bis, weil es unterdessen spät geworden, plötzlich von der Begleiterin zum Aufbruch gedrängt wurde.

Und nun fand sich der Engel in der Tasche des Knaben, was diesen anfangs nicht eben unangenehm berührt zu haben schien.

---

* Daß der Nikolo seine Gaben in die Schuhe legt, ist von ihm eine alte Gewohnheit und stammt aus jener Zeit, in der die Kinder, noch keine Gaben gewärtigend, keine Behälter für dieselben aufstellten und der Bischof nichts anderes vorfand, als unter den Betten die Schuhe. Heute möchten sie freilich am liebsten alle Schüsseln und Teller des ganzen Hauses ans Fenster stellen, aber der Nikolo legt seine Gaben mit Vorliebe in die kleinen Schuhe — er kommt dabei auch billiger draus.

Es war mittlerweile finster geworden und draußen tanzte frisches Schneegestöber. Trotzdem verlangte ich, daß der Knabe noch an diesem Abende den entflohenen Engel in jenes Haus zurücktrage und zu den anderen Nippsachen lege. Der Kleine blickte mich mit seinem großen runden Auge erschreckt an. Seine Gönner — und er hatte derer ein ganzes Haus voll — schützten die Dunkelheit vor, die Entfernung, das Gestöber, den Sturm, und machten alles viel wüster, als es war; aber ich bestand darauf, der Knabe mußte den Engel zurückstellen.

So ging er mit der Begleiterin ruhig davon. Es war ein unwirtlicher Abend, ich würde aus anderen Gründen einen noch kaum sechsjährigen Knaben bei solchem Wetter nicht ins Freie schikken. Damals vergaß ich über die absolute Notwendigkeit dieses Ganges aller Gefahr. Erst als der Kleine mit frischgeröteten Wangen und fröhlichen Augen wieder in die Stube trat, atmete ich frei auf. Die Begleiterin brachte ja von jener Familie die Versicherung mit, daß der kleine Engel beim Wechsel des Spieles von der Hausfrau absichtlich in der Rocktasche des Knaben vergessen worden sei.

Aus Heimgärtners Tagebuch

Kalt und trüb. Zur Stunde, da man im Sommer schon die Fenster-
balken schließt, um sich vor Sonnenhitze und Licht zu schützen,
brennt jetzt auf dem Arbeitstisch noch die Lampe. Nun ging der
Christbaum fort. Zehn Tage lang war er mein Stubengenosse gewesen, buschig, grün und schmucklos, ganz wie sie im Walde stehen. Die weißen Wachskrümchen der abgebrannten Kerzen waren das einzige Zeichen von dem Freudenopfer am heiligen
Abend. Die Sachen, die sich um das Kreuz seines Fußes wie
Schutt gelagert, waren längst davongetragen worden, die Sternen-
pyramide war verloschen und er stand wieder still und arm da,
wie vor dem Ruhme. So, mein Tannenbaum, bist du mir auch am
liebsten und so hast du, auf dem Kreuze stehend, den Feiertags-
rummel überdauert, hast, wenn ich toll werden wollte über all
den hohlen Förmlichkeiten und Krimskram, mir schweigend erzählt von unserer gemeinsamen Waldheimat. Das wäre mein Ideal vom Weihnachtsfeste: den grünen Baum und die trautsame Familie dazu – und nichts, nichts sonst von all dem Treiben und
Flunkern der Feste. Soll doch unser ganzes kurzes Leben ein ein-
ziger himmelfroher Festtag sein. – – Nun die Weihnachtszeit
vorbei, ist er wieder fortgegangen und weht's mich an beinahe wie
der Schatten, wenn ein lieber Menschenkamerad davongetragen
wird.

Aber siehe! Es geht wieder auswärts, über den Winternebeln
hebt schon die Sonne an höher zu steigen und im Walde sehen wir
uns wieder.

Auf dem Christbaummarkt gingen durch Wald und Menge drei
Herren. Ein langer hagerer, ein mittlerer dicker und ein kleiner alter mit langem, weißem Bart, der im Gespräch gerne ruppig war.

„Ist das nicht ein Verbrechen!" rief der Lange, auf die Bäumchen deutend, die in Holzkreuzstöckeln eingebohrt waren und
nebenhin noch in großen Haufen übereinander lagen. „Ein großes Vermögen, sage ich Ihnen, wird solchergestalt jährlich vernichtet. Was kostet so ein Jungling? Eine Krone! Nach so und so
viel Jahren wäre er das Hundertfache wert. Eine gewissenlose
Bande. Die Polizei sollte so etwas verbieten!"

„Hm", meinte der Dicke, „ja, ja."

„Den Buckel sollt' man ihm voll messen, so einem, der junge
Bäumchen abschlägt. Wälder liegen hier hingerichtet. Ein Natio-
nalvermögen. Und dabei das Geraunze über die schlechten Zeiten. Ist's nicht wahr?"

„Hm", versetzte der Dicke, „ja, ja."

Nun tat sich der kleine Alte hervor, der stieg den Langen an: „Sie Geldratte, Sie! Soll denn alles zu Geld werden! Gibt's denn gar nichts mehr als Geld, was das Leben ausmacht! *Ich sage: Kein Baum, und wäre es die größte Lärche der Alpen, die mächtigste Tanne des Libanons, wird so reich, so schön verwertet, als hier dieses winzige Bäumlein, das morgen die Kinder umjubeln werden mit einem hellen Glück, mit einer unschuldigen Freude, wie man sie sonst kaum wiederfindet und im ganzen Leben nicht mehr vergißt. − Und wer sagt Ihnen denn, daß diese Bäumchen alle groß geworden wären! Man nimmt sie heraus, wo sie zu dick stehen. Dann wachsen die anderen um so besser, also, daß das abgehauene Stämmchen sein Leben zum besten der übrigen Waldbrüder gibt, wie es sich für ein frommes Christbäumel gehört. So, jetzt wissen Sie's, Sie Waldwucherer, Sie!"

So laut schrie der Alte, daß der Lange − von den Leuten angeglotzt − sich davonmachte und in der Menge verlor. Der kleine Alte mit dem weißen Bart sagte nichts mehr, erstand einen schneeumkrusteten Christbaum, nahm ihn über die Achsel und schritt wie der leibhafte Winter dahin.

Das Christkind ist doch gut. Wo es fröhlich hergeht, da ist es gerne dabei. Aber fast noch lieber läßt es sich rufen zu Leid und Trauer. Jetzt kommt es auch *schon zu den Toten auf die Friedhöfe*. Von Jahr zu Jahr sieht man am heiligen Abend auf neuen Gräbern mehr und mehr der brennenden Christbäumchen. Und davor steht, stumm und helle Tränenperlen weinend, eine dunkle Gestalt. − Und wäre uns Vorüberwandelnden das Grab noch so fremd, es geht einem ans Herz. Man ist sogleich vertraut mit so einem Grab, man weiß es: Hier hat der Tod eines aus liebendem Familienkreise gerissen, das wohl die letzte Weihnacht noch in seiner fröhlichen Runde gewesen ist. Dann fängt man an und malt es sich aus, wie heiter es dabei zugegangen sein wird und was dann im Laufe der Tage geschehen sein mag, daß hier unten tief in der Erden das süße Kind ruht, oder der liebe Gatte, oder die junge Frau. − Kein Allerseelen mit seinen prunkhaften Trauersitten, keins hat ein so echtes, tiefzerreißendes Leid, als das Christbaumgrab mit seinen stillen Lichtern.

Ach, die Liebe ist das Beste, was wir haben auf dieser Erde. Und gerade aus ihr kommt unser größtes Leid.

Einen Mann, der das Jahr vorher seine Kinder verloren hatte, zwei Knaben von drei und vier Jahren, fragte jemand taktlos, wie er den letzten Weihnachtsabend zugebracht habe.

„O, Freund, ich habe mir was Schreckliches angetan!" antwortete er, „im Gedenken an die glücklichen Abende der letzten Jahre, in Liebe zu meinen toten Kindern habe ich auch heuer einen Tannenbaum aufgestellt. Aber wie war es dabei? Meine Frau sah ihn kaum, so fuhr sie zurück, als habe man ihr ins Gesicht geschlagen. Dann ging sie weinend auf ihr Zimmer und ich war bei der Herrlichkeit allein. Ich sage dir, nichts Traurigeres habe ich erlebt in meinem ganzen Leben als diesen *Christbaum ohne Kinder*. Mit einem Stock schlug ich die Lichter herab und trat sie mit den Stiefeln tot. Nichts Weichliches fand ich mehr in mir, nur Zorn, nur Wut gegen das Schicksal, das uns in bodenloser Bosheit unser Liebstes genommen hat."

Diese herzdurchschneidende Klage hat es mir wieder klar gemacht, was für uns andere die jungen, kleinen Menschen bedeuten. Unseren Festen fehlt die Seele, unserem Leben der Inhalt, ohne Kinder.

Was aber geschieht nun weiter? Dem Mann will es keine Ruhe lassen, daß er den Christbaum mißhandelt hat, den Baum, in dessen Zweigen die Seelen seiner verstorbenen Kinder heimen. Er findet keinen Schlaf, keinen Frieden, bis er aus dem Hofwinkel den geschlagenen Baum wieder hervorholt, aufrichtet, mit hellen Bändern schmückt, mit neuen Kerzlein besteckt. Dann holt er ein armes Mädchen ins Haus, ein kleines, dem vor Wochen die Mutter gesagt hatte, das Christkindel würde kommen. Es war aber nicht gekommen, und die Mutter hatte man in das Krankenhaus gebracht. So wartete das Kind noch immer auf den Christbaum. Und nun stand er da, der heilige Baum, und hatte viele Lichter und schöne Sachen. Die Frau des Mannes aber kam nicht herbei, sondern klagte schreiend, wie er ihr das habe antun können, mit einem fremden, schmutzigen Balg ihr die liebe Kinderstube zu verleiden, als ob die eigenen Kinder schon verdrängt wären. Eine dumme Duselei sei es und nichts weiter.

Es verging die Zeit. Der Mann war ruhig geworden, aber die Frau versank in ein noch tieferes Leid. Sie schmückte das Grab, sie hegte die leergewordenen Kleidlein, sie hielt die hinterbliebenen Spielzeuge wie ein Heiligtum. Aber ihr Schmerz wurde nicht geringer.

Mittlerweile war dem armen Kinde die Mutter gestorben. Das hat die Frau geweckt, sie ging hin, nahm die kleine Waise und führte sie in ihr Haus, in die Stube, wo einst ihre eigenen Kinder gespielt und gejubelt hatten. Das kränkliche Kind brachte ihr Sorge und Kummer, der Kummer brachte die Liebe, und mit ihr kam in das wunde Mutterherz der Friede.

Unserem Hause aber fehlt die Seele, unserem Leben der Inhalt, ohne die Liebe.

Aus den Schriften
des Waldschulmeisters

Weihnacht 1817

Heute habe ich Heimweh nach den Glockenklängen, nach in Wehmut erlösenden Orgeltönen. Ich sitze in meiner Stube und spiele Krippenlieder auf der Zither. Meine Zither hat nur drei Saiten; eine vollkommenere habe ich mir nicht zu schaffen gewußt.

Die drei Saiten sind mir genug; die eine ist meine Mutter, die andere mein Weib, die dritte mein Kind. Stets in seiner Familie begeht man die Weihnacht.

Nur wenige der Waldleute gehen mit Spanlunten hinaus nach Holdenschlag zur nächtlichen Feier. Es ist auch gar zu weit. Die übrigen bleiben in ihren Hütten; aber schlafen wollten sie doch nicht. Sie sitzen beisammen und erzählen sich Märchen. Sie haben heute einen sonderartigen Drang, aus ihrer Alltägigkeit herauszutreten und sich eine eigene Welt zu schaffen. Mancher übt alte, heidnische Sitten aus und vermeint durch dieselben einem unsäglichen Gefühle des Herzens zu genügen. Mancher strengt seine Augen an und blickt hin über die nächtigen Wälder und meint, er müsse irgendwo ein helles Lichtlein sehen. Er horcht nach Feierglockenklingen und lieblichen Engelsstimmen. Aber nur die Sterne leuchten über den Waldbergen, heute wie gestern und immer. Ein kalter Lufthauch weht über den Wipfeln; Eisflämmchen flimmern nieder von den Kronen und zuweilen schüttelt ein Geäste seine Schneelast ab.

Aber anders berührt in dieser Nacht das Flimmern und das Fallen des Schnees, und die Menschengemüter zittern in sehnsuchtsvoller Erwartung des Erlösers.

Ich habe ein einfältig Christbäumlein, wie man sie in nordischen Ländern haben soll, zusammengerichtet und dasselbe der Anna Maria Ruß in die Lautergräben geschickt. Ich denke, die Kerzenflammen müssen freundlich spiegeln in den Äuglein ihres Kleinen. Vielleicht, daß gar ein Funke ins junge Herz hineinzuckt und dort nimmer verlischt.

In der Hütte der Witwe kann kein Christbaum sein. Auf dem Grabe des Mathes liegt sehr viel Schnee; das Briefgehäuse aus Reisig hat eine hohe Haube. Der flehende Brief der Mutter an das Kind muß verderben, ohne erbrochen und gelesen worden zu sein.

In der heiligen Christnacht sind die Leute schon wieder von allen
Seiten herbeigekommen. Die von den Spanlunten abgefallenen
Glühkohlen sind lustig hingeglitten über die Schneekruste wie
Sternschnuppen.

Viele Wäldler sind in ihrem Begehr nach der mitternächtigen
Feier ein gut Stück zu früh dran. Da die Kirche noch nicht aufge-
sperrt und im Freien es kalt ist, so kommen sie zu mir in das
Schulhaus. Ich schlage Licht, und da ist bald die ganze Schulstube
voll Menschen. Die Weiber haben weiße, bandartig zusammen-
gelegte Tücher um das Kinn und über die Ohren hinaufgebun-
den. Sie huschen recht um den Ofen herum und blasen in die Finger, um das Frostwehen zu verblasen.

Die Männer halten sich fest in ihren Lodengewändern verwahrt. Sie behalten die Hüte auf den Köpfen, sitzen auf den
Tischbrettern der Schulbänke und besehen mit wichtigtuender
Bedächtigkeit die Lehrgegenstände, welche die Jüngeren den Älteren erklären. Einige gehen auch über den Boden auf und ab und
schlagen bei jedem Schritte die gefrornen Schuhe aneinander, daß
es klappert. Fast alle rauchen aus ihren Pfeifen. Der Urwald ist
auszurotten, aber das Tabakrauchen nimmer.

Ich kleide mich rasch an; ich soll in der Kirche doch der erste
sein.

Jählings klopft es sehr stark an der Tür. Die Waldleute klopfen
nicht, wer ist es also? Eine weiße Schafwollenhaube guckt herein,
und unter der Haube steckt ein alter Runzelkopf mit weißen Lok-
kensträhnen. Alsogleich erkenne ich den Waldsänger. Heute
trägt er einen gar langen Rock, der bis zu den Waden hinabgeht
und mit Messinghäkelchen zugeknöpft ist. Darüber hängt ein
Schnappsack und eine Seitenpfeife, und auf einen Hirtenstab
stützt sich der Alte und seinen braunen, weltumfassenden Hut
hält er in seinen Händen. Dieser Hut ist seine Hütte und sein
Heim und seine ganze Welt. Ein guter Hut, denkt er, ist das beste
im Weltgetümmel, und der Erde Hut nennen sie den Himmel.

„Was hocket ihr denn da, ihr Bärenhäuter!" ruft der Rüpel laut
und lustig, „draußen scheint schon lang' die Sonnen! — Gelobt sei
der Herr, und ich bring' auch die wundersame Mär, die sich heut'
zugetragen hat drunten in der Bethlehemstadt. Hört ihr keine
Schalmei und kein Freudengeschrei? So luget zum Fenster hinaus, taghell beleuchtet ist jedes Haus!"

Die Leute stecken ihre Köpfe richtig zu den Fenstern; aber da
ist nichts als der finstere Wald und der Sternenhimmel. — Was
sollten sie ansonsten denn noch sehen?

Der Alte guckt schmunzelnd nach links und nach rechts, wie viel er wohl Zuhörer habe. Sonach stellt er sich mitten in die Stube hin, pocht mit dem Stocke mehrmals auf den Fußboden und hebt so an zu reden:

„Da steh ich allein draußen auf der Heid, und schau' schläfrig herum weit und breit, und treib meine Schäflein zusamm'; hab' dabei gehabt ein wutzerlfeist's Lamm. Und wie ich das anschau eine Weil, da hör ich ein G'hetz und ein G'schall, grad hoch in der Luft, es ist wahr, und sie musizieren sogar. Ich hab nit g'wußt, was das bedeut't, und wer denn da tobt voller Freud. Die Lämmlein sein g'sprungen drauf eins nach dem andern auf; das feiste hat so lieblich plärrt, wie es das Wunder hat g'hört. Drauf seh' ich – hab g'meint, 's ist ein' Mär – kleine Bub'n fliegen in Lüften umher. – Ein Engel fliegt grad auf mich zua, den frag ich: was gibt's denn heut, Bua? Da schreit er gleich lustig und froh: Gloria in excelsis Deo! – Das kunnt ich, mein Eid, nicht versteh'n: Geh', Bübel, mußt deutsch mit mir red'n; ich bin ein armer Hirt in der G'mein, und die Lämmlein können auch nit Latein. – So mach' sich der Hirt nur geschwind auf und geh' er nach Bethlehem drauf, dort wird er finden ein neugebor'n Kindelein; ja gar ein wunderschön Kind liegt zwischen Esel und Rind. Nicht in einem Königssaal, nur in einem Ochsenstall liegt unser eing'fatschter Gott, der uns hilft aus aller Not."

Das ist des alten Sängers „Botschaft", die er während der Weihnachtszeit in allen Häusern verkündet.

Wir haben ihm einen kleinen Botenlohn gegeben, da sagt er noch ein paar heitere Sprüche und humpelt wieder zur Tür hinaus.

Die Leute sind ganz schweigsam und andächtig geworden; und erst als die Kirchenglocken zu läuten anheben, werden sie wieder lebendiger und verlassen, unbeholfen in Worten und Gebärden, die Stube.

Ich habe das Licht ausgelöscht, das Haus verlassen und bin in die Kirche gegangen. Das ist die Nacht, in welcher vom Orient bis zum Okzident die Glocken läuten. Ein Freudenruf schallt durch die Welt und die Lichter strahlen wie ein Diamantgürtel um den Erdball. – Auch in unserer Kirche ist es licht, wie am hellen Tage, nur zu den Fenstern schaut die scharze Nacht herein. Jeder hat ein Stück Kerze, oder gar einen ganzen Wachsstock mitgebracht, denn in der Christnacht muß er seinen Glauben und sein Licht haben. Die Leute drängen sich zum Kripplein, das heute an der Stelle des Beichtstuhles aufgerichtet worden ist. Ich habe vor mehreren Jahren aus Linden- und Eschenholz die vielen kleinen Figuren geschnitzt und sie zur Versinnlichung der Geburt Christi zusammengestellt. Es ist der Stall mit der Krippe, mit dem Kindlein mit Maria und Josef, mit Ochs und Esel, es sind die Hirten mit den Lämmlein, die heiligen Könige mit den Kamelen; es sind ferner spaßhafte Gestalten und Gruppen, wie sie Freude, Wohltun und Liebe zum Christkinde nach der Leute Auffassung ausdrücken sollen. In der Luft hängen die Engel und die Sterne und im Hintergrunde ist die Stadt Bethlehem.

Was der Rüpel weiß zu sagen in Worten, das will ich durch diese Bilder erzählen. Und die Leute erbauen sich baß an dieser Darstellung. Aber sie halten sie, Gott sei Lob, eben nur wie ein Bild, von dem sie wissen, daß es nichts bedeuten und nichts wirken kann, als die Erinnerung.

Mit einem Heiligenbilde auf dem Hochaltare wäre das anders; das hätten sie Jahr um Jahr und in allen Lebenslagen vor Augen, das täten sie wohl zum Herrgott selber machen.

Auf dem Chore ist in dieser Nacht Unheil gewesen. Der Pfarrer stimmt schon das ambrosianische Loblied an, ich sitze an der Orgel und ziehe zur hohen Festfreude alle sechs Stimmenzüge auf – da platzt jählings der Blasebalg und die Orgel stöhnt und pfaucht und gibt keinen einzigen klingenden Ton. Meiner Tage bin ich nicht in solcher Verlegenheit gewesen, als in dieser Stunde. Ich bin der Schulmeister, der Choraufseher, ich muß Musik machen; und die Musik ist ja eigentlich das Fest und ohne Musik gibt es in der Kirche gar keine Christnacht. Aller Leut' Herzen hüpfen, aller Leut' Ohren spitzen sich der Musik entgegen, da schürft mir der Teufel jetzt den Blasebalg auf. Ich habe meinen Kopf in die Hände genommen, hätte ihn am liebsten zum Fenster hinausgeworfen. Vergebens hüpfen meine Finger alle zehn über die Tasten hin; taubstumm ist das ganze Zeug und wie maustot.

Der Paul Holzer, sein Weib und die Adelheid von der Schwarzhütte, die auf dem Chore neben mir sitzen, merken wohl meine Pein, aber sie rücken nur so her und hin und hüsteln und räuspern sich und heben an in hellen Stimmen zu singen: „Herrgott, dich loben wir all!"

Das ist mir wie Öl ins Herz gegangen.

Aber das Lied wird bald aus sein und danach kommt das Hochamt, und da muß Musik, Chormusik sein um alle Welt.

Holpert der alte Rüpel die Treppe herauf: „Schulmeister! Will schon heut' die Orgel schweigen, so nimm die Geigen!"

„O Gott, Rüpel, die ist zu Holdenschlag beim Leimen!"

„Und kunnt ich auch die Geigen nicht zuwege bringen, so tät ich bei meiner Treu die Kirchenlieder auf der Zither singen!"

Für dieses Wort habe ich den Alten so stürmisch umarmt, daß

er erschrocken ist. Ich eile und hole die Zither, und bei dem Hochamte klingt auf dem Chor ein Saitenspiel, wie es in dieser und etwan auch in einer andern Kirche niemalen so gehört worden ist. Die Leute horchen, der Pfarrer selber wendet sich ein wenig und tut einen kurzen Blick gegen mich herauf.

Und so ist mitten in der langen Winternacht zu Winkelsteg das Christfest gefeiert worden. Leise zittern und wiegen die Saitentöne; sie singen dem neugeborenen Jesukindlein das Wiegenlied und dem Menschen den Frieden. Und sie schrillen und wecken das schlafende Kind, ehe der falsche Herodes kommt; und sie trillern ein Wanderliedchen für die Flucht nach Ägypten.

Ich spiele den Meßgesang, spiele Lieder, wie sie meine Mutter gesungen, und mein Nährvater, der gute Schirmmacher, und im Hause des Freiherrn die Jungfrau...

Und letztlich weiß ich selber nicht mehr, was ich kindischer Mann der Gemeinde und dem heiligen Kind hab' vorgespielt in dieser Christnacht.

Ich werde den Winkelstegern noch so verrückt, wie der Reim-Rüpel.

Nach dem Mitternachtsgottesdienst hat der Pfarrer durch mich die Ärmsten der Gemeinde, die Alten, die Bresthaften, die Verlassenen, zu sich in den Pfarrhof rufen lassen.

Je! da ist es noch heller, wie in der Kirche! Da ist mitten in der Stube ein Baum aufgewachsen, und der blüht in Flammenknospen an allen Ästen und Zweigen.

Da gucken die alten Männlein und Weiblein gottswunderlich drein, und kichern und reiben sich die Augen über den närrischen Traum. Daß auf einem Baum des Waldes Lichter wachsen, das haben sie all ihrer Tage noch nicht gesehen.

— Jenes Wundervöglein von den tausend Jahren, sagt der Pfarrer, sei wieder durch den Wald geflogen, habe ein Samenkorn in den Boden gelegt und dem sei dieses Bäumchen mit den Flammenblüten entsprossen. Und das sei der dritte Baum des Lebens. Der erste sei gewesen der Baum der Erkenntnis im Paradiese; der zweite sei gewesen der Baum der Aufopferung auf Golgatha; und dieser dritte Baum sei der Baum der Menschenliebe, der uns das Golgatha der Erde wieder zum Paradiese gestalte. Im brennenden Dornbusch habe Gott vormaleinst die Gebote verkündet, und in *diesem* brennenden Busche wiederhole er es heute: du sollst den Nächsten lieben, wie dich selbst!

Hierauf hat der Pfarrer die Kleidung und Nahrung verteilt, wie die Gaben bestimmt gewesen und die Worte gesagt: „Nicht mir danket, das Christkind hat's gebracht!"

„Du mein, du mein!" rufen die Leute zueinander, „jetzund steigt uns das Christkind schon gar in den Wald herein! Ja, weil wir halt eine Kirche haben und so viel einen guten Herrn Pfarrer!"

Der Rüpel, auch einer der Beschenkten, ist allein kindischer, wie die andern allmitsammen. Er eilt um den Baum herum, als täte er das Christkind suchen im Gezweige. – „Aber mein!" schreit er endlich, „die Sonn darf nicht bös auf mich werden, ich weiß kein Licht auf der Erden, weiß keins zu nennen, das so hell tät brennen, wie dieser Wipfel mit seinem Gipfel! Seid fein still und lauscht! Hört ihr, wie's in den Zweigen rauscht? Wie Spatzen fliegen die Engelein und bauen ein Nest fürs Christkind zum heiligen Fest. Der Weiße dort, der Kleine – Flügel hat er noch keine – der wär' jetzt schier herabgefallen. Geh, lass' dir ein paar Steigeisen teilen vom Schmied, ich will sie schon zahlen. Schau, ich hab heut' ein warm Jöpplein kriegt, und in jedem Säckel ein Taler liegt. – Und kommet, ihr Engel, nur auch bald zu allen anderen Bäumen in unserem Wald, auf daß ihr tätet anzünden die Lichterkronen zu tausend Millionen!"

Keinen Löffel voll hat der alte Rüpel gegessen, als die andern beim Grassteiger warme Suppe genießen. Und als Stroh in die Stube getragen und ein Lager bereitet ist worden, daß die Leutchen nicht in der Nacht zu ihren fernen Hütten wandern müssen, da ist der Rüpel hinausgegangen unter den freien Himmel und hat die Sterne gezählt und jedem einen Namen gegeben. Und der aufgehende Morgenstern hat den Namen „Vater Paul" erhalten.

Heiliger Abend 1864

Die Laufbahn ist kurz. Vom Winkelhüterhause bis hinab zu der Kirchhofsmauer rutschen sie auf ihren Brettchen und Schlittchen dahin über den gefrorenen Schnee. Und wie sie dabei lärmen und die Sache beeifern! – Ich warte auf den Reiter Peter, er kommt mit seiner Geige, daß wir zusammen das neue Krippenlied versuchen. Einstweilen gucke ich den lustigen Kindern zu und schreibe.

Pelzhauben haben sie auf, die Kleinen und eine ganze Weile haben sie zu trippeln und zu schnaufen, bis sie mit ihrem Fahrzeug oben ankommen – und unten sind sie in zehn Augenblicken. Lange Müh' und kurze Freud'!

Der Peter kommt mit der Weihnachtsprobe. „Schlaf' süß, schlaf' in heiliger Ruh'!" Das Lied soll morgen –

– morgen –

Mit diesem Worte enden die Schriften.

Onkel Sonnenschein

Ein Tagebuch

Zu blöde ist das. Über das Christfest habe ich heute weinen müssen — daß es so glückselig ist. Ja, mein Gott, wenn man auch in diesem Fall weint! Wann kommt man dann überhaupt zum Lachen! So nervös wäre ich! sagen sie. Was heißt das? Ist dann nicht auch ein morscher Strick nervös?

„O Weihnacht und kein Kind im Haus!" sang vor etlichen Tagen der Schnabel. In lustiger Melodie sang er es, aber die Stimme hatte einen Trauerschleier um.

„Kinder! Es sind ihrer ja im Hause!" sprach ich. „Du weißt doch, wohin du gehörst am Weihnachtsfeste!"

So ist es bei uns gewesen. Gunde war nicht sonderlich davon erbaut, sie möchte solche Feste allemal „ohne Zeugen" begehen, aber dann fällt's immer ein wenig herb hausbacken aus. Onkel Sonnenschein zerstreut das leichte Gewölk.

In solchen Tagen kommt alles wieder, was man je an solchen Tagen gesündigt hat. Die größte Weihnachtstugend, hatte ich immer geglaubt, bestünde im Geben. Tatsächlich besteht sie im Nehmen. In der Kunst, recht und liebreich und dankbar zu nehmen. Mein ganzes Herz legte ich in die Geschenke für mein Weib, und was *sie* gab, das war mir oft fast peinlich, weil ich nicht an ihre Liebe, sondern an ihre Opfer dachte. Heute mache ich das besser. Ich schenke nicht viel, lasse mich aber tapfer beschenken, und das macht meine Stunde froh und heiter, auch ohne den Onkel Sonnenschein.

Mein Nachbar, der alte Bankier Golding, hatte wieder seinen Anfall von Schenkwut. Zu Weihnachten pflegt er seinen Bekannten Körbe von Naschwaren, Spielwaren und Nippsachen ins Haus zu schicken. In hastiger Erregtheit bindet er schon tagelang vorher Pakete, windet Flaschen in Stroh und nagelt Kisten. Am Vorabend beschäftigt er neun Dienstmänner zum Austragen. Ist das Fest vorüber, dann hockt er sich zu seinen Geschäftsbüchern, rechnet und knausert, und seine Seele sitzt wieder ein ganzes Jahr lang im Arrest — der Wertheimerkasse. Meinen Leuten hat der Edle diesmal ein Fäßchen Heringe geschickt und mir ein Paar benagelte Bergschuhe mit Rucksack und Eispickel. Der Witz ist gut, aber — das Fleisch ist schwach.

Einst hatte ich halb Europa durchwandert mit meinem Haselstock, den ich mir als Student am Fuße der Wartburg geschnitten. Heute dient dieser Stock noch dazu, daß ich ein Kerzchen dran binde und mit ihm den Christbaum anzünde. Während solcher Tätigkeit begann der Christbaum sachte zu tanzen, das Zimmer begann zu tanzen — später fand ich mich liegend auf dem Fußteppich, Haupt und Kleider feucht von dem Wasser, da sie mir an den Leib gegossen hatten. Gunde labte mich wie immer mit Essig, der Schnabel löste mir die Schuhe von den Füßen, in schweigendem Verständnis waren sie eins, mir zu helfen. Die Kinder standen schluchzend umher und wimmerten: „Mein Vater! Mein Vater!"

Und das ist dies Jahr ihre Christbaumfreude gewesen.

Der Doktor ist geholt worden und hat mich wieder einmal gründlich untersucht, auch Herz und Nieren durchforscht. Gundes und des Bildhauers Augen hingen an seinem Munde, aber er hat nichts gesagt. Auf die Bemerkung meiner Frau, daß ich einmal Verlangen nach Früchtebrot geäußert hätte und ob sie mir unter Umständen davon geben dürfe, antwortete er fast barsch: „Ich bitte, Frau. Geben Sie ihm alles, was er wünscht!"

Die heilige Weihnachtszeit

Wenn der Städter über Feiertage etwas Sicheres wissen will, so muß er sich bei den Bauern anfragen. Der städtische Arbeiter genießt den Feiertag, ohne viel darüber nachzugrübeln; der Bauer, der sonst nicht gerade gewohnt ist, den Grund und Zweck der Dinge zu erfassen, will jedoch wissen, warum er rastet, in die Kirche geht oder sich einen Rausch antrinkt. Er hat seine Feiertagswissenschaft und seine Feiertagsstimmung.

Ich will von mir nicht reden, sagt man, wenn man von sich selbst zu reden beginnt. Allein um das zu sagen: Ich war, solange mich die Bauernfeiertage noch etwas angingen, ein gar radikaler Patron. Mir waren der Kirchenkalender und darin die einzelnen Feste chronologisch zu sehr verschoben. Ich wollte, daß das kirchliche Jahr und das Sonnenjahr gleichen Schritt halten sollte, wie sich's auch gehört, wenn Himmel und Erde miteinander harmonieren wollen. Da die Sonne nun aber einmal nicht nachgibt, so sollte die Kirche nachgeben. Sie hätte, wie ich einmal gelesen, ihre größten Feste ohnehin auf willkürliche Tage gesetzt. Und wenn am 22. Dezember, als an dem Tage, da die so tief gesunkene Sonne ihre Umkehr hält, schon der Advent nicht beginnen will, so hätte ich es mindestens gern gesehen, daß am selben Datum der Christtag wäre, und daß mit dem Christtag das neue Jahr anhebe. Daran hätten sich ohne Einschub schicksam gereiht alle Feste, die sich auf die Kindheit Jesu beziehen, als das Fest der Beschneidung, der Opferung, der Heiligen drei Könige, der Unschuldigen Kinder usw., so daß wir mit den Weihnachtsfeiertagen bequem vor dem Fasching fertig geworden wären. Nach dem heidnischen Fasching Fortsetzung der evangelischen Feste, mit denen man bis Ende Juni zu Rande gekommen sein würde. Die zweite Hälfte des Jahres könnte den Heiligenfesten gewidmet werden, und das Durcheinander wäre einmal nicht not! – Und die Richtigschiebung der Zeit könnte auf die einfachste Weise bewerkstelligt werden, wenn man vierzig Jahre lang den Schalttag aus dem Spiele ließe. Durch das zehnmalige Wegfallen des Schalttages wäre das bürgerliche Jahr um zehn Tage verrückt und fiele mit dem Sonnenjahr zusammen. – Ich habe diese Reformpläne auch richtig einmal meinem Beichtvater, dem guten alten Pfarrer Johann Plesch in Kathrein am Hauenstein, vorgelegt; dieser meinte, wie er die Gelehrten und auch die katholische Kirche kenne, würden sie auf eine solche Änderung nicht eingehen wollen. Es hätten die Franzosen einmal bei einer großen Revolution mit Feuer und Schwert die Sonn- und Feiertage verlegt, wäre aber doch schließlich die heilige Kirche mit ihrem alten Brauch Herr geblieben. So sollte ich als einfältiger Bauernbub von solchen Sachen hübsch still sein.

Sonach beschäftige ich mich heute mit dem, wie es ist, und nicht mit dem, wie es sein sollte.

Weihnachten hebt – wie die Weltgeschichte überhaupt – mit Adam und Eva an. Diese unsere lieben Eltern haben dem Kalender nach am 24. Dezember ihren Namenstag. Daher könnten schlechte Christen die Weihnachtsgeschenke auch so auslegen, als ob am Tage ihrer ersten Eltern, als am Erinnerungstage ihres eigenen Entstehens, die Menschheit mit Liebesgaben sich selber gratulierte. Weil ihr in der Tat zu gratulieren wäre, wenn sie sich täglich so benähme, wie am Weihnachtsabende.

Die eigentliche Weihnachtsvorahnung beginnt im Advent mit dem „Nikolo" und vollends mit der Thomasnacht. Die Thomasnacht, die Christnacht und die Silvesternacht sind die Nächte der fragenden Jungfrauen. In der Thomasnacht werfen sie ihre Schuhe nach der Kammertür; bleiben die Schuhe so liegen, daß die Spitzen in die Kammer weisen, so kommt im nächsten Jahr ein Bräutigam; stehen die Schuhspitzen gegen die Tür, so kann auch einer kommen, geht aber wieder fort. In der Christnacht tragen die Jungfrauen vom Holzgelaß einen Arm voll Scheiter ins Haus; sind die Scheiter paarweise, heißt das: in gerader Zahl, so wird im nächsten Jahr geheiratet. In der Neujahrsnacht endlich soll beim Bleigießen ein Figürlein die Hoffnung bestätigen. Das liebe Dirndl im Hochreithofe! Die Schuhe versprachen ihn, die Scheiter verprachen ihn und das Blei ließ die günstigste Auslegung zu. Er kam, sie saß ihm auf und – blieb sitzen. Jetzt weiß man nicht, sind die Gebräuche nichts nutz, oder die Männer.

Das heilige Schauern, das am Christabend durch die Welt geht, empfindet auch der Bauer. Auch ihm wird warm. Ist's doch, als ob an diesem Tage die Naturgesetze andere geworden wären. Fast bangt man um das Gleichgewicht der Welt, da so plötzlich alles Freude ist.

Aber der Tag ist bald vorüber. Dem großen Feste ducken sich St. Stefan und Johannes an; der erstere will als Erzmärtyrer an der Weihnachtsfeier Anteil haben, der letztere beruft sich auf seine besondere Freundschaft mit dem Heiland; der erstere macht sich bei den Bauern durch sein Stefaniewasser wichtig, der letztere weiß sich mit dem Johanneswein einzuschmeicheln – aber zu dem eigentlichen Weihnachtsgefolge gehört keiner von beiden. Erst der Unschuldigen-Kindertag ist wieder echt; er bringt in den süßen Weihnachtsfrieden die schreckbare Kunde von dem Kindermassenmord des Herodes. Das Volk feiert dieses Gedächtnis durch Rutenstreiche, mit denen eins das andere am Morgen des achtundzwanzigsten Tages im Dezember unter den Worten: „Frisch und gesund!" aus dem Bette peitscht.

Nach den unschuldigen Kindern kommt ein heiliger Thomas, geborener Londoner, ein Bischof zu Kandelberg, der sich so wakker und unbiegsam zu Staatsgesetzen seines Vaterlandes widersetzt hatte, daß ihn die Kirche heilig gesprochen. Unsere Bauern nennen den Mann „Thoma Windfeier" und sagen, wenn sie an diesem seinen Tage nicht arbeiten, so werden sie im kommenden Jahre von kalten Winden und Stürmen verschont bleiben. Sie machen daraus den fünften Weihnachtsfeiertag.

Als sechster folgt einer aus dem Alten Testament — ein berühmter Poet und Saitenspieler — der liebenswürdige König David. Der alte Herr hat in der Tat auch ein Recht, Weihnachtsbesuch zu machen bei dem Kinde, das ja seinem — dem Geschlechte Davids entstammt. Heiligenlegenden und antisemitische Kalender ignorieren den Alten und protegieren an diesem Tage die heilige Witwe Melania. Von dieser Witwe steht's in der Hauspostille des Bauers gar schön zu lesen: sie war eine reiche Römerin, aus Liebe zu Gott etwas störrisch gegen ihren Mann, bis sie dann beide ins Kloster gingen, wo der Gatte bald starb, Melania sich jedoch den göttlichen Wissenschaften hingab und mit großer Beredsamkeit der Frauen gegen die Irrlehren kämpfte. Vor so einer muß der jüdische Harfenist freilich zurückstehen.

Endlich ist Silvester da. Dieser Mann war bekanntlich römischer Papst; er hatte stark mit den Juden zu kämpfen. Ich erinnere mich an ein Geschichtlein. Eines Tages brachten die Juden einen wilden Ochsen zu ihm und sagten: Der Name ihres Gottes sei so groß und schrecklich, daß, wenn sie selben dem Ochsen ins Ohr sagten, das Tier auf der Stelle tot zusammenstürzen müsse. Der Papst ließ es auf eine Probe ankommen, und in der Tat, der Ochse fiel bei der Nennung des Judengottes um und war tot. Nun sagte der Papst Silvester: „Wenn der Name *eueres* Gottes so schrecklich ist, ein Tier zu töten, so ist der Name des *meinen* so mächtig, es wieder zum Leben zu erwecken." Er rief das Wort aus — und das Tier wurde wieder lebendig.

Indes hat Silvester seine große Berühmtheit weniger dieser Auferweckung zu danken, als dem Umstand, daß er der Schlußwart des Jahres geworden ist. Das ist er aber beziehungsweise seit kurzer Zeit; erst im Jahre 1583, also vor dreihundert Jahren, hat der gregorianische Kalender im katholischen Deutschland Eingang gefunden, wonach Silvester als Torschließer angestellt wurde und als solcher mancherlei Gratifikationen bezieht.

Das Neujahrsfest ist der achte in der Reihe der Weihnachtsfeiertage.

Nun kommen vier Werktage, die aber, weil sie noch in der Weihnachtszeit liegen, eine gewisse Ausnahmsstellung genießen; es soll an denselben weder gedroschen noch gesponnen werden. Der Abend des 5. Jänner gebärdet sich, als ob mit ihm das hohe Fest von neuem beginnen wollte. Wie am Christ- und am Silvesterabend, so geht der Bauer mit dem Weihrauchgefäß und dem Sprengwedel durch Haus und Hof; nur der Unterschied, daß er diesmal mit der Kreide an jede Tür und jedes Tor drei Kreuze zeichnet, und auf die Türstirne seiner Stube oder den Trambaum folgende Zeichen malt: C + M + B + . Mancher, der's selber nicht kann, entlehnt sich irgendwo einen Schriftgelehrten, der ihm die „heiligen drei Könige" aufschreibt.

Mich ließ einst für dieses Geschäft unsere Nachbarin, die alte Riegelbergerin, holen; nun war im Hause ein Stück Kreide von der Größe einer Erbse, so daß ich es kaum zwischen den Fingern zu halten vermochte. Das C und das M gelang mit Mühe, dann sprang das weiße Körnchen plötzlich ab, verkollerte sich auf dem Fletz und war nicht mehr zu finden. Was jetzt? Ich zeichnete das B mit einem Stück Holzkohle. Die Riegelbergerin erschrak, denn gerade als Schutz gegen den „Schwarzen" hatte sie sich die heiligen Zeichen machen lassen. Fragte ich denn, ob sie diese Sache je mit besserem Schick und Sinn ausgeführt gesehen? Ob sie nie etwas davon gehört, daß von den heiligen drei Königen der eine, der Balthasar, ein Mohr gewesen?

Wenn ihr brave Kinder wäret, meine lieben Leser, würde ich euch viel Anmutiges erzählen von den heiligen drei Königen. Es sollen, sagt eine Auslegung, nicht sowohl Könige als Weise gewesen sein, aber man hat erwogen, daß man vor dem Volke mit Königen mehr Ehre einlegt, als mit Weisen. Der Prophet Balaam hatte einst gesagt: Es wird aus dem Reiche Jakobs ein Stern aufgehen, und der wird einen mächtigen König bedeuten über Juden und Heiden. Hierauf stellten die Heiden Wächter auf einen Berg, den Stern zu erspähen, und diese wachten anderthalbtausend Jahre. Aber in einer Nacht, da von der Wüste der warme Hauch heranwehte und aus der Ferne das Meer rauschte, schliefen sie ein. Da ging der Stern auf. Das kündeten sie den Ländern. Und hierauf machten sich drei Fürsten auf den Weg, den Stern zu suchen. Es war nächtig und der Stern zuckte vor ihnen über den Erdboden dahin, und weil sie Weise waren, so gingen sie dem neuen, unbekannten Lichte nach, Tage und Tage lang; es gesellte sich ihnen auch Gefolge, bis sie in die Stadt Jerusalem kamen. In dieser Stadt sprachen sie beim Herodes vor, fragend, wo der große König sei, auf den der Stern deute? Der Judenkönig beehrte die Gäste mit Pracht und antwortete: Der große König sei er selber und einen anderen kenne er nicht in diesem Lande. Sie möchten aber suchen, fänden sie einen, der größer wäre als er, so sollten sie es ihm wissen lassen, dann sei er der erste, der sich neige. – Sie wanderten weiter. Der Stern glühte über die Auen dahin und stand still über einem Dache, das eine reisende Handwerkerfamilie barg. Und ein Kindlein war da in der größten Armut und Bedürfnislosigkeit, und hatte helle Augen. Die Fürsten, da sie müde waren und nicht mehr hoffen konnten, den Gesuchten zu finden, legten ihre Gaben dem Kinde hin. Aber die armen Leute fragten: „Wozu brauchen wir euer Gold, eueren Weihrauch, euere Myrrhen? Die Erde ist unser Bett, der Himmel ist unser Hut. Dieses Kind, welches so hablos ist, daß wir es auf das Heu des Rindes legen mußten, ist nicht gekommen zu empfangen, es ist gekommen zu geben."

Da flüsterten die Fürsten zueinander: „Wir haben ihn gefunden. Laßt es uns eilig dem Herrn Bruder melden!" Einer von ihnen, der schwarz an Farbe war, gab die Meinung ab, Herodes scheine nicht dazu angetan, sich in seinem Lande vor einem andern zu beugen. Es würde klug sein, ihm das Kind nicht zu verraten. Sie kehrten auf anderem Wege in ihre Länder zurück. – Herodes hatte trotzdem erfahren, daß sich unter den kleinen Kindern zu Bethlehem eines befinde, das nach der Weissagung der Juden größter König werden würde, und da es ihm nicht gelang, es herauszufinden, so ließ er in und um Bethlehem alle Knaben ermorden. –

Schlaft ihr? Oder weint ihr? Oder belächelt ihr den Erzähler? Ach, ihr habt die Botschaft schon allzuoft und in allzu absichtlicher Weise gehört, um die göttliche Lieblichkeit und grause Größe, die darinnen liegt, noch zu empfinden! Von den drei wirklichen Weihnachtsfesten – der Geburt, der Beschneidung und der Erscheinung der Könige – birgt das letztere die unbegreiflichsten Wunder. Warum kamen die mächtigen Herren und knieten vor dem Kinde? Weil sie *Weise* waren. – Und warum gingen sie wieder davon und ließen das hilflose Wesen, von dem sie so große Dinge hielten, zurück? Warum nahmen sie es nicht mit sich in ihre Paläste? Weil sie *Weise* waren. Als ob sie wußten, daß sich im Wohlleben und Prunk kein Gottmensch entwickeln kann, daß die Armut, die Einsamkeit, die Verlassenheit und alle Liebe und alles Leid des Volkes dazu gehört, um den Auserlesenen zu einem Heros und Erlöser zu machen.

Am zweiten Tage nach Heiligen-Drei-Könige ist das Gedächtnis des heiligen Erhard, der im steirischen „Manndelkalender" mit einem Bischofsstabe und einer Holzaxt angedeutet steht. Die Legende erzählt, daß die Holzaxt das Marterwerkzeug wäre, mit dem der heilige Bischof getötet worden sei; aber der Bauer weiß es, daß Sankt Erhard die Axt hat, um damit endlich die Weihnachtsfeiertage abzuhacken, nachdem solche mit leichten Unterbrechungen zwei volle Wochen gedauert haben. Andere Auslegungen sind, daß Erhard mit der Axt die eingeeisten Mühlräder enteisen und dann in den Wald Brennholz hacken gehen will.

Und so ist Werktagszeit geworden. In der Kirche klingt die Weihnachtsstimmung noch bis Maria Lichtmeß fort. Hier außen tobt der Karneval; wer nicht arbeitet und nicht betet, der mag tanzen, der Himmel drückt ein Auge zu.

Das Weihnachtslied

Seit Gott erschuf das Reich der Klänge,
Erschallen tausendfach Gesänge,
Dem Herzen traut und angenehm.
Doch niemals haben Menschenzungen
So hehr und süß ein Lied gesungen
Als jenes war zu Bethlehem.

Das Lob dem Herrn, so hört' ich's schallen,
Und Friede sei den Menschen allen,
Die eines guten Willens sind.
Wohl um den Erdkreis klingt die Kunde
Von jener einzig großen Stunde,
Da uns erschien das Jesukind.

O tönt, ihr Harfen, klingt, Metalle,
O singt, ihr Pfeifen, Kehlen alle:
Dem Herrn die Ehr', dem Menschen Fried!
Fanfarenstoß, Kanonenbrummen,
Sie müssen gänzlich einst verstummen
Vor diesem sanften Gotteslied.

Und wenn des Weihnachtsliedes Mahnen
Wir sind gedenk im heiligen Ahnen,
So wird im neuen Gottesreich
Das *Osterlied*, Posaunenrufen
Uns grüßen an des Thrones Stufen:
Der Friede, Kinder, sei mit euch!

Drei Weihnachtsfeiertage

Sankt Stefanus und Johannes sind enge Nachbarn, es liegt nur eine Nacht zwischen ihnen. Aber sie sind nicht gut Freund, sagt man.

Johannes und Christus sind von jeher Busenfreunde gewesen und so hat sich auch der Johannestag fest an den Christtag angemacht. Da kam aber der Stefanus und drängte sich zwischen die beiden, und den Braten und die Krapfen, welche der Christtag übrig läßt, bekommt jetzt der Stefanus. Darum ist der Johannes bös auf diesen. Aber der Evangelist sucht seinen Gram im Weinglase zu ersäufen und schlürft hinter dem Rücken des Eindringlings, welcher beim Wasserkruge sitzen muß, seinen Humpen köstlichen Weines.

So legen es fürwitzige Leute aus und jetzt will ich es näher erklären, wie das ist.

Der Stefanus sitzt beim Wasserkrug. Wenn die Leute am Stefanitag in die Kirche gehen, so stecken sie eine Flasche mit frischem Wasser zu sich. Der Hausvater aber, oder der Großknecht hat ein größeres Gefäß aus Ton oder Zinn und noch obendrein ein Stück Salz bei sich. Und der Priester erteilt allem in der Kirche vorrätigen Wasser die Weihe. Dieses Stefaniwasser ist, wie das Osterwasser, ein Mittel gegen Übel. – Deshalb werdet ihr im christlichen Haus am Pfosten der Stubentür das Weihwassergefäß hängen sehen. Taucht die Finger ein und benetzt die Stirne.

So viel aus dem Wasserkrug des heiligen Stefanus. Aber nun kommt was Besseres, denn hinter dem Rücken des Erzmärtyrers schlürft Sankt Johannes köstlichen Wein.

Am Johannestag haben die Leute wieder ihre Gefäße bei sich, wenn sie zur Kirche gehen, aber diesmal mit goldfarbigem Inhalte. Zudem sind die Gefäße auch bedeutend größer; und wenn viele über das Stefaniwasser auch sündhaft gleichgültig dahingehen, an den Johanneswein glauben sie alle.

Heute hat auch der Pfarrer seine Flasche auf der Kanzel und er spricht seinen Segen über sie und über alle.

Nach dem Gottesdienste eilen die Leute heim, und bei Tische, wenn die Knödel kommen, erhebt der Bauer das Weinglas, sagt: „G'seg'n Gott, Johannesseg'n!" und trinkt. Darauf macht das Glas die Runde um den Tisch und jeder ruft seinem Nachbar zu: „G'seg'n Gott, Johannesseg'n!"

Das ist das einzige Mal im Jahre, daß um manchen Bauerntisch im Oberlande das Weinglas kreist. Und es geht feierlich dabei zu; das ist Opferwein, wie man ihn ja zu bestimmten Tagen auch den Göttern dargebracht in alten Zeiten.

Nach dem Essen aber gehen sie am liebsten aus. Der Wirt hat auch Johanneswein! –

In den Weihnachtsfeiertagen reiste ich einmal zu meinem Vetter in das Gelände der Feistritz. Es war ein heilloser Schneesturm und am Abende des Johannestages mußte ich unterwegs bei einem Bauer um Herberge zusprechen.

Ein altes Mütterl saß am Ofen und hielt die Hand über die Augen und sagte zu einem Mädchen, welches eben Küchengeschirre scheuerte: „Schau, Kathl, was es mit ihm ist."

Das Mädchen ließ das Geschirr ins Wasser sinken, stellte sich vor mich hin und den nassen Hadern in der Hand sah es mich so an. Zuletzt nahm die Kathl noch einen brennenden Span und leuchtete mir unter die Hutkrempe, dann sagte sie zur Alten: „Mich deucht, er wird uns nichts tun, 's ist noch ein junges Bübel."

„Dann bleibt nur da, wenn euch nicht zeitlang wird bei uns, die Mannleut' sind all beim Johannesseg'n."

So ließ ich mich nieder und sah der Kathl zu, die mir eine Suppe kochte. Es ist sündhaft, aber ich weiß mir nicht zu helfen, die Kathl gefiel mir. Indes setzte ich mich zur Alten und sagte: „Müßt nimmer jung sein, Mutter?"

„Jawohl nicht", antwortete diese und deutete auf das Mädchen, „das ist meine Enkelin, und jetzt könnt Ihr Euch's schon denken!"

„Seht ihr wohl ähnlich; so sauber."

Das Mütterl hielt sich die Schürze vor das runzelige Gesicht und kicherte:

„Kathl, aber nein, wie der aber spaßig ist! – Wenn ein Knödel übrig geblieben von Mittag, so wärm' ihm's auf, ist gewiß hungrig. Wißt", fuhr sie zu mir gewendet fort, „unsere Mannleut' sind all im Wirtshaus; wo habt denn Ihr Euern Johannessegen getrunken?"

„Ich war in keinem Wirtshaus heut'; es geht ja auch ohne das!"

„Jesses Maria! Jetzt hat der noch keinen Johannessegen! Nein, jetzt geht nur gleich! Das wär' das Wahre! Du heiliger Georgi, was es doch heutzutag' für Leut' gibt auf der Welt, jetzt nehmen sie nicht einmal einen Johannessegen!"

„Großmutter", rief das Mädchen, „es ist ja noch einer im Glas."

„Dann bin ich rechtschaffen froh; trag' ihn gleich her!"

Und jetzt deckte mir die Kathl den Tisch, brachte die Suppe, die Knödel und ein Glas Wein. Dieses erhob sie und sagte: „G'seg'n dir Gott den Johannessegen!"

„Und jetzt g'seg'n auch dir Gott den Johannessegen!" rief ich lachend und hielt ihr das Glas hin.

„Dein dummes Lachen jetzt!" lachte das Mädel.

„Wenn er gegessen hat", meinte die Alte, „dann kannst du ihn ins Handwerkerbett hinausführen, aber gib ihm den Pelz mit!"

Ich sagte der Alten gute Nacht und die Kathl zündete eine Laterne an und führte mich in die Kammer. Und bald war ich mitsamt dem Höselein unter Decke und Pelz in der finsteren Kammer allein.

Und jetzt fiel mir ein, ich hätte der Kathl doch die Hand geben sollen, bevor sie fortging mit der Latern'. –

Mit solchen Gedanken schlief ich ein und träumte vom Johannessegen.

Durch die Fugen der Bretterwand schimmerte schon der Tag, als ich noch tief vergraben unter den Decken im Halbschlummer lag. Plötzlich fliegt die Tür auf und die Kathl stürzt herein mit losen Haaren und einer großen Birkenrute in der Hand auf mich zu, reißt mir die Decke ab, schwingt die Rute und schlägt nieder auf meine arme Wenigkeit – ein-, zwei-, dreimal, daß ich aufspringe und in der Kammer umhertanze, weil ich kitzlich bin. Allein, sie mir nach: „Kindl, Kindl auf! Schön frisch und g'sund! Kindl, Kindl auf, schön frisch und g'sund!" So ruft und kichert sie und setzt die Geißelung fort, bis ich wieder mein Bett gewinne und mich unter dem weichen Pelz verwahre.

Erst jetzt fiel mir ein, daß heute der unschuldigen Kinder Tag ist, an welchem man, nach der Volkssitte alle Siebenschläfer in obiger Weise „aufkindelt", auf daß sie schön frisch und gesund verbleiben durchs ganze Jahr. Nun, ich war sehr frisch, und auch von der Birkenrute dürfte dasselbe zu bemerken gewesen sein.

Als ich mich in dem gastlichen Hause beurlaubte, sagte die Kathl: „Also, behüt' dich Gott und nur schön frisch und g'sund!"

Das Aufkindeln, wie ich es hier erzählt habe, ist ziemlich weit verbreitet und wohl auch in mannigfaltiger Form. – In vielen Orten laufen am 28. Dezember, als am Gedächtnistage des herodianischen Kindermordes, die Kinder armer Leute mit Birkenruten bewaffnet auf den Gassen herum und versetzen jedem, der ihnen begegnet, mit den Worten „Frisch und g'sund, frisch und g'sund!" einige Streiche um die Beine. Selbst in die Häuser der Nachbarn eilen sie und verschonen weder den Hausherrn noch die Hausfrau, ja sogar der Dorfrichter und der Pfarrer kriegen ihre Tracht Streiche, bis sie sich mit einem Geldstück von den kleinen Tyrannen loskaufen.

Gar so peinlich ist das gewöhnliche Betteln an den Türen, darum hält sich der Arme an dergleichen alt hergebrachte Sitten und Gebräuche, um sich durch dieselben auf möglichst harmlose und heitere Art ein paar Kreuzer oder einen ersehnten Festkuchen zu erjagen.

Das Weihnachtsfeuilleton

Die alten Germanen feierten zur Wintersonnenwende aus Anlaß der Umkehr des feurigen Sonnenrades — angelsächsisch: hveol, altnordisch: hiol oder jule — das Julfest, und zwar in der Zeit vom 25. Dezember bis zum 6. Jänner, als an welchen Tagen Wuotan und Berchta in den nordischen — "

„Was schreiben Sie denn da, Doktor?" unterbrach der Chefredakteur und Eigentümer einer Provinzialzeitung seinen jungen Journalisten.

„Nun, das Weihnachts-Feuilleton, welches Sie mir erst gestern auferlegt haben, als ob wir nicht den ganzen Dezember über mit Bestimmtheit darauf hätten rechnen können, daß sich auch dies Jahr die Weihnachten präzise wie immer einstellen würden."

„Ich rechnete aber auch mit Bestimmtheit darauf, daß irgendein Blatt zur Vorfeier einen Artikel bringen würde, den wir hätten benutzen können. — Machen Sie sich übrigens nicht die Mühe, das Ding abzuschreiben, geben Sie offen den Band des Konversations-Lexikons mit dem Artikel ‚Weihnachten' in die Druckerei."

„Gut", sagte der junge Journalist, schnellte den Band über den Bücherhaufen hin und geflissentlich auf die Photographie eines reizenden Mädchenkopfes, daß solche den Augen des Alten verborgen sei. „Gut, so werde ich einen Aufsatz über Weihnachtsgebräuche in den Alpen schreiben, von der Christmette, dem Krippel, den alten Hirtenliedern, von den zwölf Nächten, von dem Dreikönigssingen, von dem — "

„Lassen Sie das, es ist leergedroschenes Stroh, es fällt auch nicht ein Körnchen mehr heraus", sagte der Chefredakteur.

„Also Weihnachten in der Großstadt, oder Weihnachten auf dem Meere oder in Rom, oder irgendwo, oder Weihnachten der Armen, oder auch Weihnacht eines alten Junggesellen, der — "

„Alles abgebraucht, lieber Freund. Sie sind zu den Zeitungschreibern gegangen und haben keine Phantasie", rief der Chef und ging mit verschränkten Armen rasch im Zimmer auf und ab. „Weihnacht ist ein Familienfest, da wollen die Leute etwas Gemütliches, Idyllisch-Heiteres, Naives haben, oder Rührsames, Erbauliches — irgendein Festglockenläuten!"

Er blieb plötzlich vor dem jungen Doktor stehen, als ob ihm eine Idee gekommen wäre. „Schreiben Sie etwas über Menschenliebe!"

Der andere lachte auf.

„Gibt es denn da etwas zu lachen?"

„Nein, wahrhaftig nicht", versetzte der Doktor. „Ich werde schreiben. Schreiben über die Liebe, die Gottes Sohn auf die Erde gebracht hat und die seither unter den Menschen waltet. Nämlich einen ganzen Tag im Jahre. Denken Sie sich ein Christfest, das *zwei* Tage dauern würde. Wie fatal! Drei Tage, das wäre schon unmöglich. An die Gaben und Liebesbezeigungen des Weihnachtsabends knüpft man rasch die Unzufriedenheit, die Mißgunst und Falschheit für die nächsten 364 Tage."

„Vergessen Sie nicht, daß es auch Schaltjahre gibt", bemerkte der alte Chef launig.

„Mit Ausnahme des einen Tages, des Christtages, wird jedes immerhin noch ein sehr gemeines Jahr sein", gab der Doktor zurück. „Das Weihnachtsfest ist der Tag, an dem die Menschheit bei sich selbst den Etikettebesuch macht. Das Weihnachtsfest ist der einzige Tag, an welchem Geben seliger ist als Nehmen, weil der Geber auf eine größere Gegengabe rechnet. Die religiöse Weihe, als den Goldstaub dieses Festes, hat eine windige Volksaufklärerei längst weggeblasen — und so ist die moderne Gesellschaft jener unselige Vogel des Märchens, der sich mit raublustigem Schnabel das eigene Herz aus dem Busen hackt. Die Kinder selbst werden an diesem Tage das erstemal zu Heuchlern und lügen einen Glauben an das erscheinende Christkind, ‚damit es recht viel bringe‘. Was bleibt an Poesie noch übrig? Der gestohlene Tannenbaum mit dem Flitter?"

Der Chef blickte den jungen Mann, der, regungslos im Sessel lehnend, halb geschlossenen Auges solche Worte vor sich hingestoßen hatte, mit Teilnahme an und sagte: „So habe ich Sie bisher nicht gekannt, Doktor! Das ist nicht mehr derselbe Bursche, den ich vor ein paar Jahren bei einem Studentenkommers die von lebensfreudigstem Idealismus getragene Rede halten hörte!"

„Ach, gehen Sie mir mit diesem Studenten-Idealismus! Lebensfreudig, ja, solange es Geld und Bier gibt. Der wahrhaft edle Pathos für Freiheit, Brüderlichkeit und Nationalität schrumpft im Kampfe um die persönliche Existenz oder im bald sich einstellenden Haschen nach Geld und Würden armselig zusammen. Das Ideal von der Freiheit, es ist himmlisch groß und soll im Vereine mit der Liebe ja noch die Welt erlösen; aber in den Köpfen und Händen unerfahrener, verführter, leidenschaftlicher Menschen wird es so leicht zur Empörung gegen Obrigkeit und Gesetz. Der Weg der freien Selbstbestimmung ist schmal. Wie edel ist es, sein Ich zu kräftigen und zu vervollkommnen, und wie niederträchtig ist der Egoismus! Wie groß ist die Vaterlandsliebe und wie gefährlich das aufgehetzte Nationalgefühl! Dieses Nationalgefühl gießt Bleikugeln. Sonst hieß es: Die Fürsten machen Kriege. Heute macht sie das Volk; in den Zeitungen steht's zu lesen, in den Vereinen wird's gelehrt, im Parlament wird's besiegelt."

„Das ist alles wahr", entgegnete der Chefredakteur, „doch vergessen Sie nur auch in langen Winternächten nicht, daß auf unserer Erde die Sonne nicht untergeht."

„Auch die Kirchenglocken", fuhr der Doktor fort, „versprechen in diesen Tagen den Menschen auf Erden Frieden. Am nächsten Tag, als am Stephanitag, wissen sie schon anderes, zu Ehren des Erzmärtyrers rufen sie die Gläubigen zum unversöhnlichen Kampf gegen alle Andersglaubenden."

„Lieber Freund", unterbrach der Chef den Sprecher, „Sie sind krank, Sie denken krank, Sie sprechen, als ob Sie Hunger hätten. Nur Geduld! Abgesehen von dem Weihnachts-Feuilleton, das Sie in solcher Stimmung nie werden schreiben können, sind Sie recht verwendbar und habe ich auch die Absicht, von Neujahr ab Ihren Gehalt neuerdings zu erhöhen. —"

„Sie würden es nicht tun, wenn Sie unter gegenwärtiger Ablöhnung meiner sicher wären."

Da trat eine Pause ein. Der Doktor schliff mit seinem Fingernagel die Federspitze glatt. Der Chef rieb die Augengläser rein, die auf seiner Stirne angelaufen waren.

„Sie sind heute herb, lieber Freund", sagte er endlich. „Sie müssen etwas Kratzendes auf der Seele haben. Vielleicht sollten Sie heiraten."

Der Doktor richtete sich ein wenig auf und blickte den alten Herrn verwundert an. Es war eigentlich ein hübscher Kopf, den er hatte, dieser Doktor. In seiner Haltung, in seiner losen Haarfrisur, in seinem kecken Schnurrbärtchen lag noch etwas Studentisches, aber sein Auge war schwermütig. So jung er war, sah er doch schier aus, wie einer jener wenigen Zeitungsschreiber, die nicht bloß zu schwätzen, sondern auch etwas zu sagen wissen — und zu sagen haben. Die Zeitung, der er gegenwärtig diente, war aber eine von denen, die fortwährend schwätzen, damit sie nichts sagen müssen. Darum hatte sie einen großen Leserkreis und darum hatte sie ihren Eigentümer zum reichen Manne gemacht.

„Sie haben da eine Frage angeschlagen, die mich interessiert", sagte nun der Doktor. „In der Tat, ich glaube, die Ursache, daß ich kein Weihnachts-Feuilleton schreiben kann, ist, weil ich das Weihnachtsfest nicht liebe, nicht empfinde — weil mir dazu das wichtigste Ingrediens fehlt — die Familie!"

„Nun, das ist Ihre Sache", versetzte der alte Herr ablenkend.

„Die Sache beginnt man gewöhnlich mit einem jungen Mädchen", sagte der Doktor.

„Oder auch einer jungen Witwe", setzte der Chef bei.

„Angenommen, mit einem jungen Mädchen, das alle Eigenschaften hätte, um einen glücklichen Gatten zu machen und Kinder vortrefflich zu erziehen. Und dieses Mädchen käme dem hier fraglichen Mann, der zum Behufe des Weihnachtsfestes eine Familie zu gründen gedenkt, mit vielem Beifall entgegen, aber dieses Mädchen hätte unglückseligerweise einen sehr wohlhabenden Vater, der sein Töchterlein begreiflicherweise nur an einen wohlhabenden oder sonstwie hochstehenden Werber abtreten möchte, da haben Sie einen Konflikt, —"

„Ist nicht originell genug", unterbrach ihn der Chef. „Ein Feuilleton muß drastisch und prickelnd sein, nötigenfalls ein seltsames Geschehnis aus dem Leben erzählen, oder feinsinnig psychologische Eigenheiten, lächerliche Schwächen, rührende Vorzüge der Menschen wiedergeben. Die besten Feuilletons aber sind immer die, in welchen gar kein Inhalt ist — wenn's nur der Leser nicht merkt. Ich will Ihnen übrigens einen Gedanken schenken. Sie schreiben daraus ein prächtiges Weihnachts-Feuilleton, können es auch ausschmücken nach Belieben, und dabei mögen Sie lernen, daß nicht alle Menschen eigennützig sind, wie Sie glauben und sagen: man gebe nur gern, damit einem noch mehr gegeben werde. — Als ich vor fünfundzwanzig Jahren geheiratet hatte, war ich noch unbemittelt, mußte jeden Groschen ins Geschäft stecken, das damals in einer kleinen Schreibrequisitenhandlung bestand. Da konnte ich noch nicht viel für das Weihnachtsfest verwenden. Trotzdem stellten wir jungen Eheleute in unserer kleinen Wohnung ein Christbäumchen auf, wie es zur selben Zeit schon Sitte zu werden begann. Ich freute mich wie ein Kind, meine Frau mit einigen Geschenken zu überraschen, während sie für mich nichts haben sollte. Ich freute mich auf ihre Freude und ihre kleine Verlegenheit. Einige Tage vor dem Feste ging sie still, aber in sich aufgeregt im Hause umher, und als der Christbaum brannte, und die schönen Sachen vor ihr dalagen, sank sie an der Ecke des Zimmers zusammen und begann zu weinen. Das ganze Weihnachtsfest war ihr verdorben, *weil sie mich nicht beschenken* konnte. Und das ist der Gedanke, den ich Ihnen zur Verfügung stelle."

„Ich sehe in dieser Erzählung nur den Egoismus des Mannes, der sich selbst den Spaß machen will und an anderen das Bedürfnis zu geben ignoriert." So der Doktor.

„Genau genommen haben Sie recht", sagte der Chefredakteur.

„Doch so spitzfindig muß man die Sache nicht nehmen, sonst löst sich das beste Herz in lauter Egoismus auf. – Mein Gedanke, den ich Ihnen geschenkt habe, ist übrigens für den Weihnachtstisch zu mager. Sie müssen die Frau mindestens einen kleinen Diebstahl begehen lassen an der Kasse des Mannes, um ihn zu beschenken."

„Herr, Ihre eigene Frau!" rief der Doktor.

„Von meiner Frau kann überhaupt nicht die Rede sein. Nehmen sie eine Frau Z oder X, nur nicht eine Frau Y., wenn ich bitten darf, denn dieser Buchstabe ist im Petit der Druckerei momentan nicht vorhanden, Sie bringen damit Leben und Spannung in die Sache."

„Herr", sagte der Doktor, „versuchen wir's, trauen wir unseren Lesern einmal eine einfache, edle Empfindung zu. Ich lasse das Weib an der Ecke des Zimmers weinen, weil sie ihrem Gatten keine Weihnachtsfreude machen konnte. Nichts sonst. – Das wirkt."

„Sehen Sie, da haben wir wieder den menschengläubigen Gesellen!" sagte der Chef munter. „So geht's mit unseren heutigen Burschen, schwarz-pessimistisch im Räsonieren und kindlich-optimistisch im innersten Empfinden. Nun, machen Sie's, wie Sie wollen, nur setzen Sie mir Ihren Namen dazu. Ihnen verzeiht man mehr als anderen."

„Es soll ein Feststück werden", sagte der Doktor mit Lebhaftigkeit. „Vor allem ganz klar ist mir schon der Schlußsatz: Glücklich der Mann, der ein solches Weib sein Eigen nennt, und dreimal glücklich der, welcher einer solchen Mutter Tochter gewinnt!"

„Will mir nicht gefallen. Gefällt mir nicht", sagte der Chef, indem er sich anschickte, in seinen Biberpelz zu kommen. „Anklang an eine Liebesgeschichte! Paßt nicht für ein Familien-Feuilleton, das man zum Kaffee muß vorlesen können."

„Herr Chef", sagte der Doktor und richtete sich endlich einmal von seinem Stuhle auf. „Es ist toll, was wir da reden. Ich haben Ihnen was anderes zu sagen. Sie halten so große Stücke auf die Uneigennützigkeit und Menschenliebe. Nun soll sich's zeigen. Es soll sich zeigen, ob ein Mann der guten Durchschnittssorte Geld und Titel wirklich höher achtet, als die Neigung und Wahl seiner einzigen Tochter, als das redliche Herz eines armen Teufels, der's auch einmal versucht, sein Anrecht an diesem schönen Leben zu erobern, der sich ein bescheidenes Haus gründen möchte als Zuflucht vor den hohlen Promessen und kompakten Torheiten einer zerfahrenen Welt. – Hier!" Er warf die Bücher auf dem Tische auseinander. „Hier unter diesem vergilbten Menschenwitz, unter dieser staubigen Weltweisheit ist mein Schatz begraben. Hinweg, ihr gelehrten Lexika, hinweg ihr Humboldts und Darwins und auch du, alter Grimm — wisset alles und wisset nicht, was die Liebe ist!" Er hob eine Photographie empor: „Kennen Sie das?"

„Wie kommt dies Bild auf Ihren Schreibtisch?" fragte der alte Herr.

Der Doktor legte es wieder hin, stellte sich schier herausfordernd vor seinen Chef und sagte leise: „Sie hat mir's selbst gegeben. — Sie schweigen. Sie ahnen als braver Mann, was Sie tun sollen und suchen als schwacher Mensch Ausflüchte, es nicht zu tun. Ich weiß, Sie wunderten sich, daß Ihr sonst so frisches Töchterl seit einiger Zeit verschlossen und traurig ist. Weil es mutlos ist, sie kennt Ihre Absichten mit dem alten Hofrat. Ich bin nicht mehr mutlos, seit ich Ihnen offen gegenüberstehe — ein Mann dem Manne — und mit dem Rechte des Mannes von Ihnen meine Braut begehre!"

Der Chef ließ den Pelz von der Achsel wieder auf das Sofa gleiten, stützte sich an die Tischecke und fast stöhnend antwortete er: „Doktor! Wie Sie mich doch jetzt erschreckt haben!"

Dieser stand da, preßte die linke Faust an die Brust, die rechte Hand hielt er offen hin: „Herr! Sie kennen mich seit fünf Jahren, Sie wissen, was ich bin und wie ich bin — geben Sie mir das Mädchen!"

„Sie werden begreifen —" stotterte der alte Herr, und das ist in solchem Falle fast allemal eine schlimme Einleitung; doch er sagte nur: „Sie werden begreifen, daß ich jetzt — in diesem Augenblicke — nicht vermag, zu antworten. — Kommen Sie doch morgen abends zu uns. Um sechs Uhr zünden wir den Christbaum an!"

Nach diesen Worten machte er sich eilends davon.

Der Doktor brach schier zusammen an seinem Tische, als wäre ihm weiß was Leides widerfahren. Ein Sturm von Küssen ging nieder auf das kleine Bild — Der Arme hatte schon lange nicht mehr geweint, nicht mehr weinen können; er hielt das Weinen nur für ein Vorrecht der Kinder, für eine Gnade der Glücklichen. Jetzt war auch er dieser Gnade teilhaft geworden. Was ihm das Christkind bescheren wird — es ist leicht zu erraten.

Und als er ruhig geworden war, machte er sich daran und schrieb das Weihnachts-Feuilleton über die Menschenliebe.

Um solchen Preis hätte ich's auch getan.

144

Nachwort

Peter Rosegger (eigentlich Roßegger) wurde am 31. Juli 1843 in Alpl in der Steiermark als Sohn des Laurenz Roßegger und dessen Frau Marie in ärmlichen bäuerlichen Verhältnissen geboren. Er war das älteste von insgesamt sieben Kindern. Sein Geburtsort war, wie Rosegger später in seiner Lebensbeschreibung schrieb, „von großen Wäldern umgeben und durch solche stundenlange Wälder auch getrennt von unserem Pfarrdorfe Krieglach, wo die Kirche und der Friedhof standen. Mitten in diesen schwarzen Fichtenwäldern, unweit von anderen kleinen Gehöften, die zerstreut lagen, und in denen es genau so zuging wie bei uns, lag denn meine Heimat mit den Hochmatten, Wiesen und Feldlehnen, auf denen das Wenige kümmerlich wuchs, was wir zum Leben brauchten". Das Geburtshaus, der Kluppenegger-Hof, ist erhalten und ermöglicht es als Erinnerungsstätte noch heute, die Lebenswelt des Dichters nachzuempfinden.

In den Jahren 1848 bis 1854 erhielt Peter Rosegger unregelmäßigen Schulunterricht bei einem Wanderlehrer, der von Haus zu Haus zog. „Mein Schulbesuch war aber ein sehr mangelhafter" wird er selbst über diese Zeit urteilen. Doch schon in diesen Jahren wurde deutlich, daß Peter Rosegger besondere Neigungen zum Schreiben, Malen und Zeichnen aufwies. Nach vergeblichen Versuchen seiner Mutter, ihm einen Studienplatz für den Priesterberuf zu verschaffen, begann Rosegger eine Schneiderlehre. Bei seinem Meister Ignaz Orthofer verblieb er fast fünf Jahre und gewann in dieser Zeit als Hausschneider in mehr als sechzig Häusern tiefe Einblicke in das steirische Volksleben, die er in seinen Kalendergeschichten, Gedichten und Reisebeschreibungen verarbeitete.

Eine Auswahl davon schickte Rosegger an das Grazer Journal „Die Tagespost", wo der Redakteur Dr. Adalbert Svoboda auf ihn aufmerksam wurde, den jungen Dichter förderte und ihm eine Anzahl von Gönnern verschaffte. In den Jahren 1865 bis 1869 wurde ihm so eine Ausbildung an der neugegründeten Grazer Akademie für Handel und Industrie ermöglicht. Nach erfolgreichem Abschluß konnte Rosegger in den folgenden Jahren über die engere Heimat hinaus Reisen unternehmen, die ihn bis Norddeutschland, in die Niederlande, die Schweiz und nach Italien führten. 1870 erschien dann seine erste Buchveröffentlichung, Gedichte in steirischer Mundart unter dem Titel „Zither und Hackbrett" in dem Verlag Josef Pock in Graz, der bald schon weitere folgen konnten.

Am 13. Mai 1873 heiratete Rosegger Anna Pichler, eine Hutmacherin aus Graz, die aber schon nach zwei Jahren, 1875, im Kindbett verstarb. Der glücklichen Ehe entstammten die Kinder Sepp und Anna. Auch von weiteren Schicksalsschlägen blieb der Dichter in diesen Jahren nicht verschont: 1868 schon mußte sein Elternhaus in Alpl versteigert werden und 1872 starb nach langer Krankheit seine Mutter.

1875 konnte Rosegger mit „Die Schriften des Waldschulmeisters" eines seiner Hauptwerke erscheinen lassen, im Oktober des folgenden Jahres lag das erste Heft der von ihm redigierten Monatszeitschrift „Der

Heimgarten" vor, die der Volkserziehung dienen sollte und in der viele Werke von Rosegger selbst stammten und vor Erscheinen in Buchform gleichsam vorabgedruckt wurden. Zu ihren Mitarbeitern gehörten unter anderem Marie von Ebner-Eschenbach und Ludwig Anzengruber, dem er darüber hinaus freundschaftlich verbunden war. Ein Jahr später erschien unter dem Titel „Waldheimat" der erste Band seiner Geschichten aus der Jugendzeit, dem weitere Bände folgen sollten.

1877 entschloß sich Rosegger, wie er in seiner Lebensbeschreibung ausführt, „unweit von dem mehr und mehr im Wald versinkenden Alpl mir und den Kindern ein neues Heim zu schaffen. Ich baute in Krieglach ein kleines Wohnhaus, wo ich die Sommermonate zuzubringen pflegte". Dort lernte Rosegger Anna Knaur kennen, die Tochter eines befreundeten Wiener Bauunternehmers, mit der er sich am 1. Mai 1879 verheiratate. Dieser Ehe entstammten die drei Kinder Hans Ludwig, Margarete und Martha.

Während Rosegger in den folgenden Jahren gesundheitlich stark unter Asthma-Anfällen und Erkrankungen der Bronchien, den Folgen einer 1879 aufgebrochenen Lungenentzündung, zu leiden hatte, gewann er als Schriftsteller stetig an Beliebtheit. Nach dem Tod seines Freundes und Verlegers Heckenast, der seit 1872 mehrere seiner Werke verlegt hatte, übernahm nun der Verlag Hartleben, Wien, Pest, Leipzig, die Herausgabe seiner Werke. 1890 konnte in diesem Verlag eine erste Ausgabe seiner „Ausgewählten Schriften" in 30 Bänden erscheinen. Gleichzeitig führten ihn Vortragsreisen in den gesamten deutschen Sprachraum. 1893 aber trennte Rosegger sich „wegen Differenzen geschäftlicher und autorrechtlicher Natur" von seinem Verlag und übertrug die gesamte Betreuung seiner Werke dem Verleger Ludwig Staackmann in Wien, mit dem ihn eine enge Freundschaft verband. Drei Jahre später starb sein Vater in Krieglach.

Um die Jahrhundertwende wurde Peter Rosegger immer mehr zum Förderer seiner Heimat. 1900 veranstaltete er in seiner Zeitschrift „Der Heimgarten" eine Sammelaktion für die Errichtung einer evangelischen Kirche in Mürzzuschlag, einige Jahre darauf für den Wiederaufbau der abgebrannten katholischen Pfarrkirche seiner Kindheit in St. Kathrein. Auch in seinem Werk gab Rosegger sich ausgleichend und ließ eine beinahe ökumenische Geisteshaltung erkennen, wie sie etwa in seinem Buch „Mein Himmelreich. Bekenntnisse, Geständnisse und Erfahrungen aus dem religiösen Leben" zum Ausdruck kommt. 1905 wurde in Alpl die „Waldschule" von der „Waldheimat-Gesellschaft" erbaut, die Rosegger zusammen mit seinem Freund Toni Schrauf errichtet hatte. In ihr wurde auf die besonderen Lebensumstände der Waldbauernkinder eingegangen und eine Form der Erziehung gefunden, die Rosegger selbst sich in seiner Kindheit hätte wünschen können. Vier Jahre später erfolgte wiederum ein Spendenaufruf, diesmal für den Bau von Grenzlandschulen des Deutschen Schulvereins.

Eine Fülle von Ehrungen konnte der nun angesehene Dichter empfangen: 1903, zu seinem 60. Geburtstag, der vielerorts gefeiert wurde, die Ehrendoktorwürde der Universität Heidelberg; 1913, zum 70. Geburtstag, die Verleihung des Ehrenzeichens für Kunst und Wissenschaft durch Kaiser Franz Joseph I. sowie das Ehrendoktorat der Universität Wien und vier Jahre darauf auch das der Karl-Franzens-Universität in Graz. 1918 verlieh Kaiser Karl Peter Rosegger schließlich das Großkreuz des Franz-Josephs-Ordens.

1913 bis 1916 arbeitete Peter Rosegger an der Herausgabe seiner „Gesammelten Werke" in vierzig Bänden, immer stärker von Krankheiten behindert. Am 29. Mai 1918 erkrankte Rosegger dann schwer und wurde in sein Krieglacher Haus gebracht, wo er am 26. Juni im Familienkreis verstarb und auf dem Ortsfriedhof begraben wurde. In seiner „Lebensbeschreibung" faßte Rosegger seine Gedanken über den eigenen Tod zusammen: „Soll es nun heute sein, oder in noch späteren Tagen, willig mag ich meinen morschen Wanderstab zur Erde legen, willig meinen Namen verhallen lassen, wie des heimkehrenden Älplers Juchschrei verhallt im Herbstwind. Aber ich – ich selbst möchte mich an dich, du liebe, arme, unsterbliche Menschheit klammern und mit dir sein, durch der Jahrhunderte Dämmerung hin – und Weg suchen helfen – den Weg zu jener Glückseligkeit, die das menschliche Gemüt zu allen Zeiten geahnt und gehofft hat."

Glückseligkeit und Gemüt läßt Peter Rosegger in seinem Werk immer wieder aufleuchten, wenn er weihnachtliches Geschehen dichterisch gestaltet, insbesondere die weihnachtlichen Erzählungen aus der „Waldheimat" gehören zu den bekanntesten und schönsten Weihnachtserzählungen der Weltliteratur. Daneben umfaßt die vorliegende Sammlung aber auch die weiteren Erzählungen und Betrachtungen aus seinem umfangreichen Werk, die sich mit diesem Thema befassen, darunter Roseggers Fassung der Weihnachtsgeschichte aus seinem Werk „I.N.R.I.", die zu seinen Lebzeiten teilweise auf Unverständnis stieß.

Ingwert Paulsen jr.

Zur Textgestaltung

Dem vorliegenden Text liegt die von Peter Rosegger selbst neu bearbeitete und neu eingeteilte Ausgabe seiner Gesammelten Werke in 40 Bänden zugrunde, die 1922–1924 im Verlag E. Staackmann in Leipzig erschien. Rechtschreibung und Zeichensetzung wurden bis auf wenige begründete Ausnahmen unverändert übernommen.

Inhaltsverzeichnis

Advent 5
Der Niklo 8
I. N. R. I. 10
Zum Weihachtsbaum (Gedicht) 21
Sei gegrüßt, du himmlischer Knabe! 23
Die heilige Weihnachtszeit 25
Ums Vaterwort 37
Einer Weihnacht Lust und Gefahr 43
Als ich Christtagsfreude holen ging 57
Der erste Christbaum in der Waldheimat 66
Der liebe kleine Gott geht durch den Wald . . . 73
Das Christkind von Scharau 82
Empor zu Gott 89
Hauptmann Alles 105
Anfechtungen und Spielzeug 111
Aus Heimgärtners Tagebuch 116
Aus den Schriften des Waldschulmeisters 120
Onkel Sonnenschein 126
Die heilige Weihnachtszeit 128
Das Weihnachtslied (Gedicht) 134
Drei Weihnachtsfeiertage 135
Das Weihnachtsfeuilleton 139
Nachwort 145

Weihnachten im HUSUM ^{TASCHEN}_{BUCH}

Franz Schaub

Stille Nacht, heilige Nacht

Die Geschichte eines weltberühmten Liedes
55 Seiten, zahlreiche Abbildungen, broschiert

Mit diesem Buch liegt nun die fast abenteuerlich zu nennende Geschichte des weltberühmten Weihnachtsliedes „Stille Nacht, heilige Nacht" vor. Ausführlich wird das Leben seines Dichters, Joseph Mohr, und das des Komponisten, Franz Gruber, beschrieben. Daneben wird die Zeit lebendig, aus der heraus das Lied entstand, die Zeit Napoleons, der Befreiungskriege und des Wiener Kongresses. Das Lied erklang zum ersten Mal am 24. Dezember 1818 in Oberndorf bei Salzburg. Wie es dann dazu kommen konnte, daß es heute überall in der Welt zu Weihnachten gesungen wird und daß es sogar eine Stille-Nacht-Gesellschaft gibt, können wir ebenfalls aus diesem Buch erfahren.

Adalbert Stifter

Der Heilige Abend

Hrsg. von Gerd Eversberg
62 Seiten, broschiert

Stifters berühmte Erzählung „Bergkristall" erschien zunächst unter dem Titel „Der Heilige Abend"; sie zählt zum Schönsten, was uns die deutschsprachige Literatur an weihnachtlichen Geschichten bietet. Zwei Kinder verirren sich in der Christnacht auf einen Gletscher. Im ewigen Eis müssen sie eine ganze Nacht lang ausharren, ehe sie wie durch ein Wunder von den Dorfbewohnern gerettet werden. So sind sie den Eltern und ihrem Heimatdorf am Weihnachtstag glücklich und wohlbehalten wiedergeschenkt. Eine spannende Erzählung, die uns gleichzeitig über den tieferen Sinn des Weihnachtsfestes nachdenken läßt. Daneben enthält diese mit einem ausführlichen Nachwort versehene Ausgabe Stifters kulturhistorische Skizze „Weihnacht".

HUSUM HUSUM DRUCK-
UND VERLAGSGESELLSCHAFT
Postfach 1480 · D-25804 Husum

Regionalia im HUSUM TASCHENBUCH

Anekdoten aus Baden-Württemberg · aus Bayern · aus Berlin · aus Brandenburg · aus Hamburg · aus Hessen · aus Mecklenburg-Vorpommern · aus Niedersachsen · aus Ostpreußen · aus Pommern · aus Sachsen · aus Sachsen-Anhalt · aus Schlesien · aus Schleswig-Holstein 1 · aus Schleswig-Holstein 2 · aus Thüringen · vom Militär – **Entdecken und erleben (Reiseführer):** Mecklenburg-Vorpommerns Kunst · Niedersachsens Kunst · Niedersachsens Literatur · Ostpreußens Literatur · Schleswig-Holsteins Geschichte · Schleswig-Holsteins Kunst · Schleswig-Holsteins Literatur – **Im Gedicht:** Berlin · Niedersachsen · Schleswig-Holstein – **Humor** aus Schlesien – Schlesische **Kinderreime – Kinder- und Jugendspiele** aus Schleswig-Holstein 1 · aus Schleswig-Holstein 2 · aus Schleswig-Holstein 3 · aus Westfalen – **Kindheitserinnerungen** aus Berlin · aus Hamburg · aus Köln · vom Niederrhein · aus Oberschlesien · aus Ostpreußen · aus Pommern · aus Sachsen · aus Schlesien · aus Schleswig-Holstein · aus Westfalen – **Komponisten** aus Schleswig-Holstein – **Krippengeschichten** aus Deutschland – **Legenden** der kanadischen Indianer · aus Westfalen – **Lügengeschichten** aus Schleswig-Holstein – **Märchen** aus Baden-Württemberg · aus Mecklenburg · aus Niedersachsen · aus Schleswig-Holstein · aus Westfalen – **Redensarten** aus Hessen – **Aus dem Sagenschatz** der Brandenburger und Schlesier · der Franken · der Hessen · der Niedersachsen und Westfalen · der Österreicher · der Ostpreußen und Pommern · der Sachsen · der Schleswig-Holsteiner und Mecklenburger · der Schwaben · der Thüringer – **Volkssagen** aus Niedersachsen – **Sagen** aus Baden-Württemberg · aus Franken · aus Hamburg · aus Mecklenburg · aus Sachsen · aus Schlesien · aus Schleswig-Holstein · aus Südtirol · aus Westfalen – **Schulerinnerungen** aus Franken · aus Hamburg · aus Mecklenburg · aus Niedersachsen · aus Ostpreußen · aus Schleswig-Holstein – **Schwänke** aus Bayern · aus Franken · aus Niedersachsen · aus Schleswig-Holstein · aus Schwaben · aus Westfalen – **Sprichwörter** aus Hessen – **Sprichwörter und Redensarten** aus Mecklenburg · aus Schleswig-Holstein – **Plattdeutsche Sprichwörter** aus Niedersachsen – **Weihnachtsgeschichten** aus Baden · aus Bayern · aus Berlin · aus Brandenburg · aus Bremen · aus Franken · aus Hamburg · aus Hessen · aus Köln · aus Mecklenburg · aus München · vom Niederrhein · aus Niedersachsen · aus Oberschlesien · aus Ostpreußen · aus Pommern · aus dem Rheinland und der Pfalz · aus Sachsen · aus Sachsen-Anhalt · aus Schlesien · aus Schleswig-Holstein 1 · aus Schleswig-Holstein 2 · aus Schwaben · aus dem Sudetenland · aus Thüringen · aus Westfalen · aus Württemberg – **Weihnachtsmärchen und Weihnachtssagen** aus Schleswig-Holstein – **Witze** aus Hamburg · aus Mecklenburg · aus Ostpreußen · aus Pommern · aus Sachsen · aus Schleswig-Holstein

HUSUM HUSUM DRUCK- UND VERLAGSGESELLSCHAFT
Postfach 1480 · D-25804 Husum